Philipp Ritz

Der Joint-Venture-Vertrag

Philipp Ritz
Dr. iur., Rechtsanwalt, LL.M.

Der Joint-Venture-Vertrag

Kommentierter Mustervertrag eines korporativen 50:50-Joint-Ventures

Schulthess § 2010

Bibliografische Information ‹Der Deutschen Bibliothek›
Die Deutsche Bibliothek verzeichnet diese Publikation in der Deutschen Nationalbibliografie; detaillierte bibliografische Daten sind im Internet über ‹http://dnb.ddb.de› abrufbar.

Alle Rechte, auch die des Nachdrucks von Auszügen, vorbehalten. Jede Verwertung ist ohne Zustimmung des Verlages unzulässig. Dies gilt insbesondere für Vervielfältigungen, Übersetzungen, Mikroverfilmungen und die Einspeicherung und Verarbeitung in elektronische Systeme.

© Schulthess Juristische Medien AG, Zürich · Basel · Genf 2010
  ISBN 978-3-7255-5980-0

www.schulthess.com

Vorwort

Der englische Begriff «Joint Venture» bringt schön zum Ausdruck, dass ein Gemeinschaftsunternehmen nicht bloss ein gemeinsames Unternehmen, sondern dass dessen Eingehung immer auch ein Wagnis ist. Nicht umsonst scheitern viele Joint Ventures. Ebenfalls anspruchsvoll sind die Verhandlung und der Abschluss des Joint-Venture-Vertrags, der dazugehörigen Satellitenverträge und der gesellschaftsrechtlichen Dokumentation. Nebst der Lösung von teilweise schwierigen vertrags- und gesellschaftsrechtlichen Problemen kommt dazu, dass die verschiedenen umfangreichen Unterlagen, möglicherweise von verschiedenen Personen verfasst, noch aufeinander abgestimmt werden müssen. Das geschieht häufig unter grossem Zeitdruck.

Dieses Buch möchte bei der Vertragsredaktion eine Hilfe sein und Lösungsvarianten aufzeigen. Der Mustervertrag regelt das Grundmodell eines korporativen Joint Ventures mit zwei gleichberechtigten Partnern. Im ersten Teil des Buchs wird eine kurze Übersicht über Joint Ventures gegeben, im zweiten Teil wird der Mustervertrag wiedergegeben, und im dritten Teil folgt eine praxisbezogene Kommentierung der wichtigsten Bestimmungen. Selbstverständlich dürfen die Bestimmungen des Mustervertrags und deren Varianten nicht unreflektiert übernommen werden. Ohnehin habe ich darauf verzichtet, Muster der gesellschaftsrechtlichen Dokumente und von möglichen Satellitenverträgen in dieses Buch aufzunehmen.

Verbesserungsvorschläge nehme ich unter philipp.ritz@ritzlaw.ch gerne entgegen.

Winterthur, im Dezember 2009 *Philipp Ritz*

Inhaltsverzeichnis

Vorwort		V
Abkürzungsverzeichnis		XI
Literaturverzeichnis		XV
1.	**Einleitung**	**1**
	I. Begriff	1
	II. Gegenstand	2
	III. Beweggründe	2
	IV. Vertragsaufbau	3
	V. Rechtsnatur	3
	VI. Abgrenzungen	4
	VII. Rechtsform der Joint-Venture-Gesellschaft	4
	VIII. Gestaltungsspielraum	6
	IX. Form	6
	X. Steuern	7
	XI. Kartellrecht	7
	XII. Internationale Joint Ventures	10
2.	**Mustervertrag**	**11**
	I. Gründung	11
	II. Satellitenverträge	14
	A. Im Allgemeinen	14
	B. Garantien	15
	III. Finanzierung	16
	IV. Organisation	17
	A. Generalversammlung und Revisionsstelle	17
	B. Verwaltungsrat	17
	C. Geschäftsleitung	17
	D. Gemeinsame Bestimmungen	18
	E. Stimmrechtsausübung und Informationsrechte	18
	V. Lösung von Pattsituationen	19
	VI. Allgemeine Treuepflicht	26
	VII. Dividendenpolitik	27
	VIII. Geheimhaltung	28
	IX. Konkurrenz- und Abwerbeverbot	28

Inhaltsverzeichnis

	X.	Sicherung der Vertragserfüllung	28
	XI.	Vertragsdauer	29
		A. Inkrafttreten	29
		B. Ordentliche Vertragsbeendigung	29
		C. Ausserordentliche Vertragsbeendigung	30
		D. Nachvertragliche Pflichten	31
	XII.	Veräusserung von Aktien	31
		A. Grundsätzliches Veräusserungs- und Verfügungsverbot	31
		B. Bei ordentlicher Kündigung	32
		C. Bei ausserordentlicher Kündigung	33
		D. Teilweise Veräusserung von Aktien	34
		a. Allgemeine Bestimmungen	34
		b. Vorhandrecht	34
		c. Vorkaufsrecht	35
		E. Bestimmung des inneren Werts	36
		F. Vollzug des Kaufvertrags	37
	XIII.	Aufnahme zusätzlicher Partner	38
	XIV.	Allgemeine Bestimmungen	39
	XV.	Anwendbares Recht und Schiedsverfahren [Variante: (...) Gerichtsstand]	40
3.	**Kommentierung**		43
	I.	Gründung	44
	II.	Satellitenverträge	53
		A. Im Allgemeinen	53
		B. Garantien	57
	III.	Finanzierung	60
	IV.	Organisation	62
		A. Generalversammlung und Revisionsstelle	62
		B. Verwaltungsrat	64
		C. Geschäftsleitung	66
		D. Gemeinsame Bestimmungen	66
		E. Stimmrechtsausübung und Informationsrechte	68
	V.	Lösung von Patt-Situationen	70
	VI.	Allgemeine Treuepflicht	83
	VII.	Dividendenpolitik	83
	VIII.	Geheimhaltung	84
	IX.	Konkurrenz- und Abwerbeverbot	86
	X.	Sicherung der Vertragserfüllung	89

XI.	Vertragsdauer	92
	A. Inkrafttreten	92
	B. Ordentliche Vertragsbeendigung	93
	C. Ausserordentliche Vertragsbeendigung	96
	D. Nachvertragliche Pflichten	97
XII.	Veräusserung von Aktien	99
	A. Grundsätzliches Veräusserungs- und Verfügungsverbot	99
	B. Bei ordentlicher Kündigung	100
	C. Bei ausserordentlicher Kündigung	101
	D. Teilweise Veräusserung von Aktien	103
	a. Allgemeine Bestimmungen	103
	b. Vorhandrecht	104
	c. Vorkaufsrecht	106
	E. Bestimmung des inneren Werts	108
	F. Vollzug des Kaufvertrags	110
XIII.	Aufnahme zusätzlicher Partner	112
XIV.	Allgemeine Bestimmungen	112
XV.	Anwendbares Recht und Schiedsverfahren [Variante: (…) Gerichtsstand]	117

Sachregister ... 123

Abkürzungsverzeichnis

A.	Auflage
a.a.O.	am angeführten Ort
a.E.	am Ende
a.M.	anderer Meinung
Abs.	Absatz
AG	Aktiengesellschaft
AISUF	Arbeiten aus dem iuristischen Seminar der Universität Freiburg, Freiburg i.Ü.
AJP	Aktuelle Juristische Praxis, Lachen
Art.	Artikel
ASA	Association Suisse de l'Arbitrage
ASR	Abhandlungen zum schweizerischen Recht, Bern
BBl	Bundesblatt der Schweizerischen Eidgenossenschaft
Bd., Bde.	Band, Bände
betr.	betreffend
BGE	Bundesgerichtsentscheid
BGer.	Bundesgericht
BSK	Basler Kommentar
bspw.	beispielsweise
CEO	Chief Executive Officer
CH-ZPO	Schweizerische Zivilprozessordnung vom 19. Dezember 2008
dies.	dieselben
DIS	Deutsche Institution für Schiedsgerichtsbarkeit
Diss.	Dissertation
ed.	edition
EG	Europäische Gemeinschaft
EGV	Vertrag zur Gründung der Europäischen Gemeinschaft
EIZ	Europa Institut an der Universität Zürich

EPÜ 2000	Europäisches Patentübereinkommen, revidiert in München am 29. November 2000, SR 0.232.142.2
et al.	et alii, und weitere
etc.	et cetera, und so weiter
f., ff.	und folgende
FKVO	Verordnung (EG) Nr. 139/2004 des Rates vom 20. Januar 2004 über die Kontrolle von Unternehmenszusammenschlüssen
FS	Festschrift
FusG	Bundesgesetz über Fusion, Spaltung, Umwandlung und Vermögensübertragung (Fusionsgesetz), SR 221.301
GestG	Bundesgesetz über den Gerichtsstand in Zivilsachen (Gerichtsstandsgesetz), SR 272
GmbH	Gesellschaft mit beschränkter Haftung
GU	Gemeinschaftsunternehmen
GV	Generalversammlung
h.L.	herrschende Lehre
HRegV	Handelsregisterverordnung, SR 221.411
Hrsg.	Herausgeber
i.S.v.	im Sinne von
i.V.m.	in Verbindung mit
IPR	internationales Privatrecht
IPRG	Bundesgesetz über das Internationale Privatrecht, SR 291
IT	information technology
J. Int. Arb.	Journal of International Arbitration, Den Haag
JdT	Journal des Tribunaux, Lausanne
JV	Joint Venture(s)
Kap.	Kapitel
KG	Bundesgesetz über Kartelle und andere Wettbewerbsbeschränkungen (Kartellgesetz, KG) vom 6. Oktober 1995, SR 251
KMU	kleine und mittlere Unternehmen
LBR	Luzerner Beiträge zur Rechtswissenschaft
lit.	litera, Buchstabe

LugÜ	Übereinkommen über die gerichtliche Zuständigkeit und die Vollstreckung gerichtlicher Entscheidungen in Zivil- und Handelssachen vom 16. September 1988, SR 0.275.11
M&A	Mergers & Acquisitions
m.w.N.	mit weiteren Nachweisen
m.w.Verw.	mit weiteren Verweisen
MSchG	Bundesgesetz über den Schutz von Marken und Herkunftsangaben (Markenschutzgesetz), SR 232.11
N	Note
NF	Neue Folge
OR	Schweizerisches Obligationenrecht, SR 220
PatG	Bundesgesetz über die Erfindungspatente (Patentgesetz), SR 232.14
RPW	Recht und Politik des Wettbewerbs, Bern (abrufbar unter <http://www.weko.admin.ch/dokumentation/00157/index.html?lang=de>)
Rz	Randziffer
S.	Seite(n)
SAG	Schweizerische Aktiengesellschaft, Zürich (ab 1990: SZW)
SchKG	Bundesgesetz über Schuldbetreibung und Konkurs, SR 281.1
SIR	Schriftenreihe für Internationales Recht, Basel
SJZ	Schweizerische Juristen-Zeitung, Zürich
sog.	sogenannt
SR	Systematische Sammlung des Bundesrechts
SSHW	Schweizer Schriften zum Handels- und Wirtschaftsrecht, Zürich
ST	Der Schweizer Treuhänder, Zürich systematischer Teil
str.	strittig
SZW	Schweizerische Zeitschrift für Wirtschaftsrecht, Zürich
u.	und
u.a.	unter anderem
UNCITRAL	United Nations Commission on International Trade Law
vgl.	vergleiche

Abkürzungsverzeichnis

VKU	Verordnung über die Kontrolle von Unternehmenszusammenschlüssen vom 17. Juni 1996, SR 251.4
VR	Verwaltungsrat
Weko	schweizerische Wettbewerbskommission
z.B.	zum Beispiel
ZGB	Schweizerisches Zivilgesetzbuch, SR 210
Ziff.	Ziffer
ZIK	Zentrum für Informations- und Kommunikationsrecht, Zürich
ZK	Zürcher Kommentar

Literaturverzeichnis

AMSTUTZ, MARC/ MABILLARD, RAMON	Fusionsgesetz (FusG), Kommentar, Basel 2008
BÄHLER, THOMAS	Die massgeschneiderte Gesellschaft, Diss. Bern, Bern 1999 (ASR NF Bd. 621)
BERETTA, PIERA	Kommentierung «vor Art. 69–77» FusG, in: Frank Vischer (Hrsg.), Zürcher Kommentar zum Fusionsgesetz, Zürich etc. 2004 (zitiert: ZK-FusG)
	Vertragsübertragungen im Anwendungsbereich des geplanten Fusionsgesetzes, SJZ 98(2002) 249 ff. (zitiert: Vertragsübertragungen)
BÖCKLI, PETER	Aktionärbindungsverträge mit eingebauten Vorkaufs- oder Kaufsrechten und Übernahmepflichten, in: Jean Nicolas Druey/Peter Forstmoser (Hrsg.), Rechtsfragen rund um die Aktionärbindungsverträge, Zürich 1998, S. 35 ff. (zitiert: ABV)
	Schweizer Aktienrecht, 4. A., Zürich etc. 2009 (zitiert: Aktienrecht)
BÖCKLI ET AL., PETER	Reform des GmbH-Rechts, Zürich 1997
BORRIS, CHRISTIAN	Final Offer Arbitration from a Civil Law Perspective, J. Int. Arb. 24 (2007) 307 ff.
BÖSIGER, MARKUS	Bedeutung und Grenzen des Aktionärbindungsvertrages bei personenbezogenen Aktiengesellschaften, REPRAX 5 (1/2003) 1 ff.
BOTSCHAFT	Botschaft des Bundesrats zur Schweizerischen Zivilprozessordnung (ZPO) vom 28. Juni 2006, BBl *2006* 7221 ff.
BRECHBÜHL, BEAT/ EMCH, DANIEL	Die neue GmbH als massgeschneidertes Rechtskleid für Joint Ventures, SZW 79 (2007) 271 ff.
BSK-IPRG-BEARBEITER	Heinrich Honsell et al. (Hrsg.), Basler Kommentar, Internationales Privatrecht, 2. A., Basel 2007
BSK-OR-I-BEARBEITER	Heinrich Honsell et al. (Hrsg.), Basler Kommentar, Obligationenrecht I, Art. 1–529 OR, 4. A., Basel 2007

BSK-OR-II-Bearbeiter	Heinrich Honsell et al. (Hrsg.), Basler Kommentar, Obligationenrecht II, Art. 530–1186 OR, 3. A., Basel 2008
BSK-ZGB-II-Bearbeiter	Heinrich Honsell et al. (Hrsg.), Basler Kommentar, Zivilgesetzbuch II, Art. 457–977 ZGB, Art. 1–61 SchlT ZGB, 3. A., Basel 2007
Büchel et al., Bettina	Joint Venture-Management, Bern etc. 1997
Bucher, Markus/ Schwendener, Patrick	Die Bewertung von Familienunternehmen, ST 81 (2007) 340 ff.
Büren, Roland von	Der Konzern, Schweizerisches Privatrecht, Bd. 8: Handelsrecht, Teilbd. 6, 2. A., Basel etc. 2005
Büren et al., Roland von	Immaterialgüter- und Wettbewerbsrecht, 3. A., Bern 2008
Bürgi, Johannes A./ Staffelbach, Daniel	Joint Ventures ohne Meldepflicht, Jusletter vom 23. Juli 2001
Clopath, Gion	Wie können Pattsituationen bei Zweimanngesellschaften behoben werden?, SJZ 89 (1993) 157
Cotti, Lukas	Das vertragliche Konkurrenzverbot, Diss. Freiburg i.Ü., Freiburg 2001 (AISUF Bd. 207)
von der Crone, Hans Caspar	Lösung von Pattsituationen bei Zweimanngesellschaften, SJZ 89 (1993) 37 ff.
Dessemontet, François	Les droits de propriété intellectuelle dans les opérations de joint venture, in: Ernst Brem et al. (Hrsg.), FS Mario M. Pedrazzini, Bern 1990, S. 567 ff.
Djalali, Jasmin	Internationale Joint Ventures, Diss. Bern, Bern 1999 (ASR NF Bd. 627)
Döser, Wulf	Vertragsgestaltung im internationalen Wirtschaftsrecht, München 2001 (JuS Schriftenreihe Bd. 157)
Druey, Jean Nicolas	Stimmbindung in der Generalversammlung und im Verwaltungsrat, in: Jean Nicolas Druey/Peter Forstmoser (Hrsg.), Rechtsfragen rund um die Aktionärbindungsverträge, Zürich 1998, S. 7 ff.
Ducrey, Patrik	Gemeinschaftsunternehmen (Joint Ventures) – kartellrechtliche Aspekte, in: Rudolf Tschäni (Hrsg.), Mergers & Acquisitions III, Zürich 2001, S. 127 ff. (zitiert: GU)

DUCREY, PATRIK	Unternehmenszusammenschlüsse im Kartellrecht, in: Rudolf Tschäni (Hrsg.), Mergers & Acquisitions, Zürich 1998, S. 127 ff. (zitiert: Zusammenschlüsse)
EISENHUT, STEFAN	Escrow-Verhältnisse, Diss. Basel, Basel 2009 (Basler Studien zur Rechtswissenschaft, Reihe A: Privatrecht, Bd. 95)
FELLMANN, WALTER/ MÜLLER, KARIN	Berner Kommentar, Bd. VI, 2. Abt.: Die einzelnen Vertragsverhältnisse, 8. Teilbd.: Artikel 530–544 OR, Bern 2006
FISCHER, DAMIAN	Änderungen im Vertragsparteienbestand von Aktionärbindungsverträgen, Diss. Zürich, Zürich/St. Gallen 2009 (SSHW Bd. 281)
FORSTMOSER, PETER	Aktionärbindungsverträge, in: Peter Forstmoser et al. (Hrsg.), Innominatverträge, FS Walter R. Schluep, Zürich 1988, S. 359 ff. (zitiert: ABV I)
	Der Aktionärbindungsvertrag an der Schnittstelle zwischen Vertragsrecht und Körperschaft, in: Heinrich Honsell et al. (Hrsg.), Aktuelle Aspekte des Schuld- und Sachenrechts, FS Heinz Rey, Zürich etc. 2003, S. 375 ff. (zitiert: ABV II)
	Organisation und Organisationsreglement nach neuem Aktienrecht, Zürich 1992 (NKF-Schriftenreihe Bd. 2; zitiert: Organisation)
FORSTMOSER ET AL., PETER	Schweizerisches Aktienrecht, Bern 1996
FORSTMOSER, PETER/ PEYER, PATRIK	Entwicklungen im Gesellschaftsrecht (Handelsgesellschaften und Genossenschaften) SJZ 100 (2004) 517 ff.
FOSTER, CHRIS	When should you try your hand at baseball arbitration?, Beitrag vom 1. März 2006, abrufbar unter <http://www.postonline.co.uk/reinsurance/analysis/1200611/when-try-hand-baseball-arbitration>
FRANK ET AL., RICHARD	Kommentar zur zürcherischen Zivilprozessordnung, 3. A., Zürich 1997
GANTENBEIN, PASCAL/ GEHRIG MARCO	Moderne Unternehmensbewertung, ST 81 (2007) 602 ff.
GAUCH ET AL., PETER	Schweizerisches Obligationenrecht, Allgemeiner Teil, 2 Bde., 9. A., Zürich etc. 2008

Guttermann, Alan S.	International Joint Ventures, London 1997
Gwelessiani, Michael	Praxiskommentar zur Handelsregisterverordnung, Zürich etc. 2008
Handschin, Lukas	Der Konzern im geltenden schweizerischen Privatrecht, Habil. Basel, Zürich 1994
Hay, Peter	US-Amerikanisches Recht, 4. A., München/Wien 2008
Hensch, Angela/ Staub, Leo	Aktionärbindungsvertrag als Instrument der Nachfolgeplanung, ST 76 (2002) 1173 ff.
Hewitt, Ian	Joint Ventures, 3. A., London 2005
Hintz-Bühler, Monika	Aktionärbindungsverträge, Diss. Bern, Bern 2001 (ASR NF Bd. 659)
Hoffet, Franz	Unternehmenskonzentration (§ 10), in: Thomas Geiser et al. (Hrsg.), Schweizerisches und europäisches Wettbewerbsrecht (Handbücher für die Anwaltspraxis Bd. 9), Basel etc. 2005, S. 369 ff.
Honsell et al., Heinrich (Hrsg.)	Basler Kommentar, Internationales Privatrecht, 2. A., Basel 2007 (zitiert: BSK-IPRG-Bearbeiter)
	Basler Kommentar, Obligationenrecht I, Art. 1–529 OR, 4. A., Basel 2007 (zitiert: BSK-OR-I-Bearbeiter)
	Basler Kommentar, Obligationenrecht II, Art. 530–1186 OR, 3. A., Basel 2008 (zitiert: BSK-OR-II-Bearbeiter)
	Basler Kommentar, Zivilgesetzbuch II, Art. 457–977 ZGB, Art. 1–61 SchlT ZGB, 3. A., Basel 2007 (zitiert: BSK-ZGB-II-Bearbeiter)
Huber, Lucius	Das Joint Venture im internationalen Privatrecht, Diss. Basel, Basel/Frankfurt a.M. 1992 (SIR Bd. 51; zitiert: IPR)
	Vertragsgestaltung: Grundstruktur, Gründung, Willensbildung und Auflösung, in: Christian Meier-Schatz (Hrsg.), Kooperations- und Joint-Venture-Verträge, Bern etc. 1994, S. 9 ff. (zitiert: Vertragsgestaltung)
International Trade Centre UNCTAD/WTO	ITC Contractual Joint Venture Model Agreements, Trade law series, Genf 2004 (zitiert: Contractual JV)
	ITC Incorporated Joint Venture Model Agreements, Trade law series, Genf 2005 (zitiert: Incorporated JV)

ISLER, PETER	Escrow-Vertrag bei Unternehmensübernahmen, in: Rudolf Tschäni (Hrsg.), Mergers & Acquisitions II, Zürich 2000, S. 181 ff.
KNOEPFLER, FRANÇOIS/ MERKT, OLIVIER	Les accords de joint venture et les limites du droit international privé, in: Walter A. Stoffel/Paul Volken (Hrsg.), Conflits et harmonisation, FS Alfred E. von Overbeck, Freiburg 1990, S. 747 ff.
KOEHLER, DIRK	Die GmbH in der Schweiz und Deutschland, Diss. Luzern, Zürich etc. 2005 (LBR Bd. 8)
KPMG LEGAL	Erfolgreich kooperieren, 2006 (abrufbar unter <http://www.kpmg.ch/docs/20060901_Erfolgreich_kooperieren.pdf>)
KRAPFL, CLAUDIA	Die Dokumentenvorlage im internationalen Schiedsverfahren, Diss. Köln, Frankfurt a.M. 2007 (Schriftenreihe der August Maria Berges Stiftung für Arbitrales Recht Bd. 18)
KRNETA, GEORG	Praxiskommentar Verwaltungsrat, 2. A., Bern 2005
LANG, THEODOR	Die Durchsetzung des Aktionärbindungsvertrags, Diss. Basel, Zürich etc. 2003 (SSHW Bd. 221)
LANGEFELD-WIRTH, KLAUS	Praxis der internationalen Joint Ventures, in: Klaus Langefeld-Wirth (Hrsg.), Joint Ventures im internationalen Wirtschaftsverkehr, Heidelberg 1990, S. 16 ff.
MARCHAND, SYLVAIN	Clauses contractuelles, Basel 2008
MEIER, ROBERT	Die Aktiengesellschaft, 3. A., Zürich etc. 2005
MEIER-HAYOZ, ARTHUR/ FORSTMOSER, PETER	Schweizerisches Gesellschaftsrecht, 10. A., Bern 2007
MEIER-SCHATZ, CHRISTIAN J.	EG-kartellrechtliche Behandlung von Joint Ventures, in: Christian Meier-Schatz (Hrsg.), Kooperations- und Joint-Venture-Verträge, Bern etc. 1994, S. 105 ff.
MESSERLI, BEAT	Sachenrechtliche Tücken eines Joint Venture, Der Schweizer Anwalt 7/1987 (Nr. 109), S. 17 ff.
MIDDENDORF, PATRICK	Nachwirkende Vertragspflichten, Diss. Freiburg i.Ü., Freiburg 2002 (AISUF Bd. 209)
MITROVIC, LAURENT	L'arbitrage baseball, Revue de l'Arbitrage *2003* 1167 ff.

Oertle, Mathias	Das Gemeinschaftsunternehmen (Joint Venture) im schweizerischen Recht, Diss. Zürich, Zürich 1990 (SSHW Bd. 132)
Peyer, Hans-Konrad	Die Zweimann-Aktiengesellschaft, Diss. Zürich, Bern 1963 (ASR NF Bd. 352)
Podehl et al., Jörg	Joint-Venture-Partner: Ballast oder Erfolgsgeheimnis, io new management *2006* Nr. 6 S. 22 ff.
Rauber, Georg	Internet Joint Ventures, in: Rolf Weber et al. (Hrsg.), Geschäftsplattform Internet, Zürich 2000 (ZIK Bd. 10), S. 169 ff.
Reymond, Claude	Le contrat de «Joint Venture», in: Peter Forstmoser et al. (Hrsg.), Innominatverträge, FS zum 60. Geburtstag von Walter R. Schluep, Zürich 1988, S. 383 ff. (zitiert: Contrat)
	Réflexions sur la nature juridique du contrat de joint venture, JdT 123 (1975) 480 ff. (zitiert: Réflexions)
Ritter, Lennart/ Braun, David W.	European Competition Law, A Practitioner's Guide, 3. A., Den Haag 2004
Ritz, Philipp	Die Geheimhaltung im Schiedsverfahren nach schweizerischem Recht, Diss. Bern, Tübingen 2007 (Veröffentlichungen zum Verfahrensrecht Bd. 48; zitiert: Geheimhaltung)
	Pitfalls to Avoid when Drafting Arbitration Clauses in India-Related Contracts, ASA Bulletin 27 (2009) Nr. 717 ff. (zitiert: Pitfalls)
Rochaix, Marcel	Geheimhaltungsvereinbarung, in: Peter Münch et al. (Hrsg.), Schweizer Vertragshandbuch, Basel 2007, S. 39 ff.
Rüdisühli, Heini	Joint Ventures – steuerliche Probleme, in: Rudolf Tschäni (Hrsg.), Mergers & Acquisitions III, Zürich 2001, S. 93 ff.
Schluep, Walter R.	Privatrechtliche Probleme der Unternehmenskonzentration und -kooperation, ZSR NF 92 (1973) II 155 ff.
Schnyder, Anton K.	Internationale Joint Ventures – verfahrens-, anwendungs- und schiedsgerichtsrechtliche Fragen, in: Christian Meier-Schatz (Hrsg.), Kooperations- und Joint-Venture-Verträge, Bern etc. 1994, S. 81 ff.

SCHÖLL, MICHAEL	Das Schiedsgutachten im Schweizer Recht, in: Karl-Heinz Böckstiegel et al. (Hrsg.), Schiedsgutachten versus Schiedsgerichtsbarkeit, Köln etc. 2007 (DIS-Schriftenreihe Bd. 21), S. 25 ff.
SCHULTE ET AL., KNUT	Joint Ventures, Nationale und internationale Gemeinschaftsunternehmen, München 2009
SCHULTE, NORBERT/ POHL, DIRK	Joint-Venture-Gesellschaften, 2. A., Köln 2008 (RWS-Skript Bd. 332)
SCHUMACHER, RAINER	Vertragsgestaltung, Zürich etc. 2004
SIEGRIST, LOUIS/ RAUSCHENBERGER, RETO	Unternehmensbewertung, in: Rudolf Tschäni (Hrsg.), Mergers & Acquisitions V, Zürich etc. 2003, S. 187 ff.
SPORI, PETER/BUCHER, BENNO	Übersicht über Steuerfragen im Zusammenhang mit Joint Ventures, in: Christian Meier-Schatz (Hrsg.), Kooperations- und Joint-Venture-Verträge, Bern etc. 1994, S. 163 ff.
STAUDENMEYER, CAROLA	Das Wirtschafts- und Vertragsrecht transnationaler Gemeinschaftsunternehmen in Entwicklungsländern, Diss. Bielefeld, Berlin/New York 1990 (Recht des internationalen Wirtschaftsverkehrs Bd. 5)
STUDER, CHRISTOPH D.	Aktionärbindungsvertrag, in: Peter Münch et al. (Hrsg.), Schweizer Vertragshandbuch, Basel 2007, S. 753 ff.
SUTER DEPLAZES, DOMINIK C.	Gemeinschaftsunternehmen im europäischen und schweizerischen Wettbewerbsrecht, Diss. Zürich, Zürich 2000 (EIZ Bd. 30)
TSCHÄNI, RUDOLF	Gesellschafts- und kartellrechtliche Probleme der Gemeinschaftsunternehmen (Joint Ventures), SAG 49 (1977) 88 ff. (zitiert: GU)
	Joint Ventures – zivilrechtliche Probleme, in: Rudolf Tschäni (Hrsg.), Mergers & Acquisitions III, Zürich 2001, S. 51 ff. (zitiert: Probleme)
	M&A-Transaktionen nach Schweizer Recht, Zürich etc. 2003 (zitiert: M&A)
	Vinkulierung nicht börsenkotierter Aktien, Zürich 1997 (Schriften zum neuen Aktienrecht Bd. 3; zitiert: Vinkulierung)

VISCHER, MARKUS	Rechts- und Sachgewährleistung bei Sacheinlage- und Übertragungsverträgen über Unternehmen, SJZ 100 (2004) 105 ff.
VISCHER, MARKUS/ ENDRASS YVES	Die Einberufung einer Sitzung des Verwaltungsrats, AJP *2009* 405 ff.
VOGT, NEDIM PETER/ WATTER, ROLF	Joint Ventures in Switzerland, in: Julian Ellison/Edward Kling (Hrsg.), Joint Ventures in Europe, 2. A., London 1997, S. 293 ff. (zitiert: Aufsatz)
	Joint Ventures in Switzerland, Basel 1995 (Swiss Commercial Law Series Bd. 4; zitiert: SCLS)
VOLHARD, RÜDIGER	Joint Venture-Verträge, in: Klaus J. Hopt (Hrsg.), Vertrags- und Formularbuch zum Handels-, Gesellschafts- und Bankrecht, 3. A., München 2007, S. 626 ff.
WALTER, GERHARD	Internationales Zivilprozessrecht der Schweiz, 4. A., Bern etc. 2007
WATTER, ROLF	Die Problematik der Einbringung im Joint Venture, in: Christian Meier-Schatz (Hrsg.), Kooperations- und Joint-Venture-Verträge, Bern etc. 1994, S. 61 ff.
WEIS, OLIVER	Die Joint-Venture-Gründung in Indien, Diss. St. Gallen, Bamberg 1998
WIRTH, MARKUS	Kommentierung von Art. 9 GstG, in: Thomas Müller/ Markus Wirth (Hrsg.), Gerichtsstandsgesetz, Kommentar, Zürich 2001
ZÄCH, ROGER	Schweizerisches Kartellrecht, 2. A., Bern 2005
ZIHLMANN, PETER	Gemeinschaftsunternehmen (Joint Business Ventures) in der Form von Doppelgesellschaften, SJZ 68 (1972) 317 ff.
ZINDEL ET AL., GAUDENZ G.	Statuten der Aktiengesellschaft, 2. A., Zürich 2001 (Schriften zum neuen Aktienrecht Bd. 1)
ZOBEL, DIETER	Die pfandrechtliche Sicherung von Erwerbsberechtigungen in Aktionärbindungsverträgen, in: Hans Caspar von der Crone et al. (Hrsg.), Neuere Tendenzen im Gesellschaftsrecht, FS Peter Forstmoser, Zürich etc. 2003, S. 401 ff.
ZURKINDEN, PHILIPP	Gründung von Gemeinschaftsunternehmen in der Schweiz und das neue schweizerische Kartellgesetz, Diss. Basel, Basel etc. 1999 (SIR Bd. 82)

1. Einleitung

I. Begriff

Joint Ventures (Gemeinschaftsunternehmen) sind eine Form der Zusammenarbeit zwischen Unternehmen. Typischerweise ermöglichen sie es ihren Gründern, sich in einem Bereich unternehmerisch zu betätigen, in dem sie aus eigener Kraft nicht reüssieren würden, sei es, weil einem von ihnen die Technologie oder die finanziellen Möglichkeiten fehlen oder weil er für den erfolgreichen Marktzutritt auf einen Partner angewiesen ist. Aus rechtlicher Sicht wird zwischen korporativen *(Corporate/Equity Joint Ventures)* und vertraglichen Joint Ventures *(Contractual Joint Ventures)* unterschieden. Bei Corporate Joint Ventures errichten die Gründer regelmässig eine neue juristische Person, die das Unternehmen betreibt oder sie erwerben gemeinsam eine bestehende Gesellschaft (vgl. Schluep, S. 485; Oertle, S. 27 ff.; Tschäni, 7. Kap. Rz 32), während ihre Zusammenarbeit bei Contractual Joint Ventures auf rein vertraglicher Basis beruht. Letztere bilden vor allem in der Baubranche die typische Form der Zusammenarbeit (Rüdisühli, S. 96). In welcher Form die Zusammenarbeit erfolgen soll, hängt von den jeweiligen Interessen im Einzelfall ab. Regelmässig wird ein Corporate Joint Venture dann errichtet, wenn die Partner eine dauerhafte Zusammenarbeit anstreben, ihre Haftung beschränken wollen und einen eigenständigen Marktauftritt durch die Joint-Venture-Gesellschaft wünschen (Schulte/Pohl, Rz 5; zu Vor- und Nachteilen von Contractual und Corporate Joint Ventures siehe Vogt/Watter, SCLS, S. 7 ff. bzw. 16 ff.; dies., Aufsatz, S. 294 f. bzw. 301 f.). Der Mustervertrag regelt ein Corporate Joint Venture. Auf das Contractual Joint Venture wird deshalb im Folgenden nicht weiter eingegangen. Für einen kommentierten Mustervertrag eines Contractual Joint Venture sei an dieser Stelle auf das Werk des *International Trade Centre UNCTAD/WTO*, Contractual JV, verwiesen. Diese Vorlage ist allerdings nicht auf das Schweizer Recht zugeschnitten.

«Joint Venture» ist ein *wirtschaftlicher Begriff* und kein juristischer (Schluep, S. 481). Unter einem Corporate Joint Venture versteht man die Errichtung einer Joint-Venture-Gesellschaft in der Form einer Körperschaft durch zwei oder mehrere wirtschaftlich und rechtlich unabhängige Gründer, die weiterhin je Träger eines Unternehmens bleiben. Die von ihnen kontrollierte Joint-Venture-Gesellschaft betreibt ein Unternehmen, das mit dem Tätigkeitsbereich oder den Interessen der Gründer materiell verknüpft ist (Tschäni, M&A, 7. Kap. Rz 5; Oertle, S. 4). Dadurch, dass sie sich nicht nur auf die Verwaltung von Beteiligungen beschränken, unterscheiden sie sich von gemeinsamen *Holdinggesellschaften* (vgl. Djalali, S. 58; Tschäni, M&A, 7. Kap. Rz 1).

Bei Joint Ventures ist die Unterteilung in *paritätische Zweipersonen-Joint Ventures* (50:50-Joint-Ventures) sowie *Joint Ventures mit anderer Beteiligungsstruktur* (Zweiparteien-Joint-Ventures mit einer beherrschenden Partei sowie Joint Ventures mit mehr als zwei Parteien) bedeutsam. Schweizerische Unternehmen gehen in der Regel mit nur einem Partner eine Kooperation ein (*KPMG Legal*, S. 15). Weil keine Partei bereit ist, von der anderen dominiert zu werden, arbeiten die Parteien häufig auf paritätischer Basis zusammen (Koehler, S. 18; Schluep, S. 490; von der Crone, S. 38; siehe aber Djalali, S. 88, und Langefeld-Wirth, S. 62 ff.). Der Mustervertrag regelt daher ein solches Zweipersonen-Joint-Venture. Dies ermöglicht es, die verschiedenen Lösungsmechanismen für Pattsituationen darzustellen.

II. Gegenstand

Gegenstand der Joint-Venture-Gesellschaft können die Forschung und Entwicklung, die Beschaffung, die Produktion, der Vertrieb und Kombinationen dieser Stellungen in der Wertschöpfungskette sein (vgl. Tschäni, GU, S. 88; betr. Internet Joint Ventures siehe den Aufsatz von Rauber). Im Verhältnis der Partner zueinander lassen sich *horizontale, vertikale und konglomerale* Joint Ventures unterscheiden. Bei horizontalen Joint Ventures sind die Partner auf der gleichen Wirtschaftsstufe tätig, bei vertikalen Joint Ventures auf verschiedenen Wirtschaftsstufen, und bei konglomeralen Joint Ventures betätigt sich keiner der Partner im Wirtschaftsbereich des Joint Ventures. Überdies können Joint Ventures je nach Herkunft der Partner in nationale und internationale Kooperationen eingeteilt werden (vgl. zum Ganzen Büchel et al., S. 16 ff.).

III. Beweggründe

Die Beweggründe für die Eingehung eines Joint Ventures sind, wie schon oben angetönt, vielfältig. Allgemein streben die Gründer die Maximierung der Rentabilität und die Minderung des unternehmerischen Risikos an. Zu nennen sind insbesondere folgende Gründe:
– die Realisierung von Skaleneffekten (Economies of Scale) bei Beschaffung, Produktion und Vertrieb,
– die Erhöhung der «kritischen Masse» auf gegebenen Märkten,
– die Erschliessung von neuen sachlichen oder räumlichen Märkten,
– finanzielle Gründe wie bspw. die gemeinsame Finanzierung kapitalintensiver Projekte und

– technologische Gründe wie bspw. die gemeinsame Forschung und Entwicklung von neuen Technologien

(zum Ganzen siehe SUTER DEPLAZES, S. 14; OERTLE, S. 10 ff.; HEWITT, Rz 1-08; LANGEFELD-WIRTH, S. 35 ff.).

IV. Vertragsaufbau

Corporate Joint Ventures sind typischerweise auf drei Ebenen strukturiert (LANGEFELD-WIRTH, S. 113 ff.; OERTLE, S. 16 f.; TSCHÄNI, M&A, 7. Kap. Rz 4):
– Gegründet werden sie gestützt auf die *Grundvereinbarung*, welche die Gründung, Beteiligungsverhältnisse, Leitung, Willensbildung und Beendigung der Joint-Venture-Gesellschaft regelt.
– Das Verhältnis zwischen den Gründergesellschaften und der Joint-Venture-Gesellschaft wird in den sog. *Satellitenverträgen* geordnet. In Frage kommen dabei u.a. folgende Verträge: Sacheinlage-, Darlehens-, Lizenz-, Kauf-, Miet- und Dienstleistungsverträge (vgl. DJALALI, S. 96 ff.).
– Schliesslich wird die Joint-Venture-Gesellschaft selber in den *Statuten* und im *Organisationsreglement* gesellschaftsrechtlich organisiert.

Checklisten für den Aufbau der Grundvereinbarung finden sich etwa bei TSCHÄNI, Probleme, S. 89 ff., VOGT/WATTER, SCLS, S. 36 ff., und STAUDENMEYER, S. 117 ff.

V. Rechtsnatur

Die Rechtsnatur der Grundvereinbarung ist umstritten. Einige Autoren qualifizieren sie als *Innominatkontrakt*, der Elemente der einfachen Gesellschaft und eines synallagmatischen Vertrags enthält (BSK-OR-II-AMSTUTZ/SCHLUEP, Einl. vor Art. 184 ff. N 432; REYMOND, Contrat, S. 386 [a.M. noch in Réflexions, S. 486 f.]; HUBER, Vertragsgestaltung, S. 55 f.; BÖCKLI, Aktienrecht, § 13 Rz 621). Nach anderer Ansicht bilden die Parteien der Grundvereinbarung eine *einfache Gesellschaft*, wobei die obligatorischen Leistungspflichten der Parteien als mitgliedschaftliche Beitragspflichten betrachtet werden (KOEHLER, S. 36 ff.; 40; DJALALI, S. 74 ff., 78, m.w.Verw. in Fn 335; OERTLE, S. 101 ff., 109; TSCHÄNI, M&A, 7. Kap. Rz 8 f.; FELLMANN/MÜLLER, Art. 530 N 256; SCHLUEP, S. 487; HANDSCHIN, S. 82. VON BÜREN, S. 385, lässt die Frage offen). Zwar hat das Bundesgericht im Urteil 4C.214/2003 entschieden, dass bei einer Private-Equity-Investition keine einfache Gesellschaft vorliege, aber dieser Entscheid betraf erstens kein Joint Venture, und zweitens ist fraglich, ob diese Rechtsprechung nur schon bei Private-Equity-Geschäften ganz allgemein gilt (kritisch zum Entscheid als solchem FORSTMOSER/PEYER, S. 519; unter Bezugnahme auf Joint Ventures FELLMANN/MÜLLER, Art. 530 N 256). Insbesondere bei paritätischen Zweimanngesellschaften ist indessen nicht gänzlich ausgeschlossen, dass Art. 82 f. und Art. 107–109 OR ausnahmsweise anwendbar sein können (TSCHÄNI, M&A, 7. Kap. Rz 9 und 107; BGE 116 III 70 ff., 75). Weil die rechtliche Qualifikation der Grundvereinbarung umstritten ist, empfiehlt es sich, sie möglichst detailliert auszuarbeiten; und wegen der relativ knappen gesetzlichen Regelung der einfachen Gesellschaft gilt dies selbst dann, wenn man davon ausgeht, dass eine einfache Gesellschaft vorliegt (TSCHÄNI, M&A, 7. Kap. Rz 10).

VI. Abgrenzungen

Die Grundvereinbarung ist inhaltlich eng verwandt mit dem *Aktionärbindungsvertrag*. Dieser ist jedoch keine Form der Unternehmenskooperation, sondern ein Mittel dazu. Abgesehen davon, dass bei Aktionärbindungsverträgen nicht wie bei Joint Ventures notwendigerweise Unternehmen beteiligt sein müssen und ihr Zweck nicht unbedingt auch die Kontrolle der Gesellschaft sein muss, unterscheiden sich diese beiden Verträge insbesondere auf der unternehmerischen Ebene. Das Joint Venture und die Unternehmen der Partner sind eng verknüpft: Entweder sind sie im gleichen Gebiet tätig oder aber sie haben sonst ein unmittelbares Interesse am Joint Venture, das sich nicht in einer möglichst hohen Dividende erschöpft (zum Ganzen OERTLE, S. 24 f.). Aufgrund der teilweise gleich zu regelnden Fragen liegt es auf der Hand, dass Aktionärbindungsverträge bei der Gestaltung von Joint-Venture-Verträgen wertvolle Vorlagen sein können.

Zur Abgrenzung gegenüber weiteren Formen von Gesellschaftskooperationen sei auf die Ausführungen bei OERTLE, S. 19 ff., DJALALI, S. 36 ff., und KOEHLER, S. 25 ff., verwiesen.

VII. Rechtsform der Joint-Venture-Gesellschaft

Die heute in der Schweiz vorherrschende Rechtsform für Joint-Venture-Gesellschaften ist die *Aktiengesellschaft* (für einen Vergleich der verschiedenen Körperschaften vgl. OERTLE, S. 38 ff.), obwohl neben der Liberierungspflicht keine weiteren Nebenpflichten in den Statuten festgelegt werden können und mehrere zwingende aktienrechtliche Bestimmungen, insbesondere die Regeln über die Zusammensetzung, die Stimmrechte und die unentziehbaren Aufgaben des Verwaltungsrats, nicht auf Joint-Venture-Gesellschaften zugeschnitten sind (BÖCKLI ET AL., S. 109; BÖCKLI, Aktienrecht, § 13 N 480; vgl. dazu Rz 29-2 der Kommentierung). Wie die Praxis gezeigt hat, sind diese Probleme allerdings durchaus in den Griff zu bekommen (vgl. Tschäni, M&A, 7. Kap. Rz 31).

Die am 1. Januar 2008 in Kraft getretene GmbH-Reform bezweckte u.a. auch, die *Gesellschaft mit beschränkter Haftung* für Joint-Venture-Gesellschaften attraktiver zu machen (Böckli et al., S. 109 f.). Dieses Ziel ist erfüllt worden (Brechbühl/Emch, S. 272 und 281; für eine Gegenüberstellung mit der AG siehe Fischer, S. 42 ff.). Die GmbH hat gegenüber der Aktiengesellschaft, der Société anonyme, jedoch den Nachteil, dass die Gesellschafter und deren Anteile im Handelsregister aufgeführt werden (Art. 791 OR; vgl. Zihlmann, S. 318). Diese Tatsache dürfte für viele Joint Ventures indessen keine grössere Bedeutung haben, weil die Parteien ihre Zusammenarbeit ohnehin häufig öffentlich machen. Gesellschaftsstatuten sind zwar öffentlich zugänglich (Art. 930 OR, Art. 10 f. HRegV) und damit auch die vereinbarten (und mit den Mitteln des GmbH-Rechts vollstreckbaren) Nebenpflichten der Gesellschafter, aber die Gründer können diese unerwünschte Offenlegung wichtiger Regeln des Joint Ventures vermeiden, indem sie die Grundzüge der Nebenpflichten in den Statuten (Art. 796 Abs. 1 und Art. 776a Abs. 1 Ziff. 1 OR) und die Details in einem Reglement festlegen (Art. 796 Abs. 3 OR). Interessant ist die Möglichkeit, dass die Gründer eines Joint Ventures in der Form einer GmbH sogar die Satellitenverträge als Nebenleistungspflichten in den Statuten verankern und die Nebenpunkte in einem Reglement regeln können. Das umzusetzen ist zwar nicht einfach, hat aber den Vorteil, dass eine Verletzung einer solchen statuarischen Nebenpflicht als Ausschlussgrund zu qualifizieren ist (Art. 823 Abs. 2 OR; Brechbühl/Emch, S. 280 f.). Die Gesellschaft muss das Reglement nicht beim Handelsregisteramt hinterlegen (vgl. Art. 71 HRegV), und sie muss Dritten grundsätzlich auch keine Einsicht gewähren (Art. 10 i.V.m. Art. 71 e contrario HRegV).

Wenngleich die GmbH gegenüber der Aktiengesellschaft inskünftig Terrain gut machen dürfte (vgl. Koehler, S. 330 ff.), so liegt der vorliegenden Mustervereinbarung dennoch die Aktiengesellschaft zugrunde. Einerseits kämpft die GmbH immer noch mit dem Image als «Aktiengesellschaft des kleinen Mannes» (vgl. Fischer, S. 47 u. 55), und andererseits lassen sich bei der Aktiengesellschaft alle für das Funktionieren des Joint Ventures wesentlichen Mechanismen in einem einzigen Dokument beispielhaft aufzeigen, während das Buch bei der GmbH für die Regelung der Nebenleistungspflichten noch um Musterstatuten zu ergänzen wäre. Wer beabsichtigt, ein Joint Venture in der Form einer GmbH zu errichten, dem sei der Aufsatz von Brechbühl/Emch empfohlen.

VIII. Gestaltungsspielraum

Die Parteien können ihre vertragliche Beziehung in der Grundvereinbarung weitgehend frei regeln. Der Parteiautonomie setzen insbesondere die zwingenden Normen des Gesellschaftsrechts (einfache Gesellschaft und Aktien- bzw. GmbH-Recht) Schranken. Auf die einzelnen Problembereiche wird nicht hier, sondern im Rahmen der Kommentierung der einzelnen Klauseln eingegangen.

Die Errichtung eines Joint Ventures ist komplex und stellt hohe Anforderungen an die in- und externen Berater der Parteien. Für eine Darstellung der Schritte auf dem Weg in ein Joint Venture sei auf die Ausführungen bei SCHULTE/POHL, Rz 12 ff., HEWITT, Rz 2-01 ff., und LANGEFELD-WIRTH, S. 56 ff., verwiesen. Was die juristische Seite betrifft, so müssen die Grundvereinbarung, die Statuten, das Organisationsreglement und die Satellitenverträge aufeinander abgestimmt werden, wobei die Grundvereinbarung nebst anderen Funktionen insbesondere diese Anhänge zu koordinieren hat. Die Kombination von vertraglichen und gesellschaftsrechtlichen Bestimmungen ist schon anspruchsvoll genug; noch schwieriger ist es, weil nebst den Gründern auch die Joint-Venture-Gesellschaft selber und Dritte involviert sind (TSCHÄNI, M&A, 7. Kap. Rz 6). Stets zu berücksichtigen sind zudem die steuerrechtlichen Folgen einer geplanten Lösung.

IX. Form

Die *Grundvereinbarung* ist grundsätzlich formlos gültig. Der Schriftform (Art. 13 OR) bzw. des «Nachweises durch Text» bedürfen hingegen einzelne Vertragsbestimmungen wie beispielsweise die Vollmacht zur Vertretung von Namenaktien (Art. 689a Abs. 1 OR), die Übertragung von Marken oder Patenten (Art. 17 Abs. 2 MSchG, Art. 33 Abs. 2bis PatG bzw. Art. 72 EPÜ 2000), Schiedsklauseln (Art. 6 KSG bzw. inskünftig Art. 358 CH-ZPO, Art. 178 Abs. 1 IPRG) und Gerichtsstandsvereinbarungen (Art. 9 Abs. 2 GestG, Art. 5 Abs. 1 IPRG, Art. 17 Abs. 1 LugÜ). Die Verpflichtung zum Abschluss von Satellitenverträgen bedarf der gleichen Form wie der entsprechende Satellitenvertrag (Art. 22 Abs. 2 OR; vgl. BSK-OR-II-AMSTUTZ/SCHLUEP, Einl. vor Art. 184 ff. N 432), bspw. muss die Übertragung von Grundstücken öffentlich beurkundet werden (Art. 216 Abs. 1 OR). Wegen ihres komplexen Inhalts und aus Beweisgründen werden Joint-Venture-Verträge schriftlich abgeschlossen.

X. Steuern

Bei Joint Ventures stellen sich zahlreiche steuerrechtliche Fragen. Verallgemeinernde Aussagen lassen sich wegen der vielen Erscheinungsformen und der häufig zusätzlichen internationalen Komponenten nur schwerlich machen. Festhalten lässt sich immerhin, dass Steuerfragen in drei Lebensphasen von Joint Ventures zu beantworten sind:

- bei der *Gründung* des Joint Ventures (z.B. Wahl der Rechtsform, Übertragung von Vermögenswerten von den Gründern auf die Gesellschaft und Steuerstatus des Joint Ventures);
- während der *Dauer* des Joint Ventures (z.B. steuergünstige Gewinnzuführung an Gründer, steuerliche Anerkennung von Verrechnungspreisen für Lieferungen und Leistungen im Verhältnis zwischen den Gründern und der Gesellschaft sowie steuerliche Nutzung von Verlusten der Gesellschaft durch die Gründer); und
- bei *Beendigung* des Joint Ventures (Steuerfolgen bei der Gesellschaft und den Gründern bei der Auflösung oder beim Verkauf einer Beteiligung an den Partner oder einen Dritten).

Es wird an dieser Stelle nicht auf Einzelheiten eingegangen. Dazu sei auf die Spezialliteratur verwiesen (vgl., je m.w.Verw., u.a. RÜDISÜHLI; SPORRI/BUCHER; TSCHÄNI, M&A, 7. Kap. Rz 110 ff.).

XI. Kartellrecht

Gehen zwei Unternehmen ein Joint Venture ein, ist stets zu prüfen, ob die Kooperation kartellrechtlich zulässig ist. Da die Bildung eines Joint Ventures auf den betroffenen Märkten strukturverändernd bzw. konzentrativ wirken kann, ist zu prüfen, ob das geplante Vorhaben den Bestimmungen über die *Fusionskontrolle* standhält (Art. 4 Abs. 3 und Art. 10 KG). Bei einer gemeinsamen Neugründung muss jedoch mindestens eine Partei einen Geschäftsbereich in das Joint Venture einbringen, weil sonst von vornherein kein meldepflichtiger Zusammenschlusstatbestand vorliegt (Art. 2 Abs. 2 VKU; VON BÜREN ET AL., Rz 1590).

Nebst einer unerwünschten Strukturveränderung kann das Joint Venture als Folge von Wettbewerbsabreden oder Verhaltensweisen marktbeherrschender Unternehmen (Art. 4 Abs. 1 und 2 KG) zu Wettbewerbsbeschränkungen führen, insbesondere durch Koordination des Marktverhaltens der Gründerunternehmen. Joint Ventures, die nicht zu einer Strukturveränderung führen, sind nach den *Regeln über Wettbewerbsbeschränkungen* zu prüfen (Art. 5 und 7 KG), es sei denn, sie fielen in den Anwendungsbereich der Bekanntmachung der Weko betreffend Abreden mit beschränkter Marktwirkung (KMU-Bekanntmachung) vom 19. Dezember 2005.

Möglich ist, dass ein Joint Venture sowohl eine Konzentration als auch eine Koordination des Wettbewerbsverhaltens bewirkt. Dies kann eine *Doppelkontrolle* durch die Weko zur Folge haben (zum Ganzen Zäch, Rz 729; Suter Deplazes, S. 110 f. u. 177 ff.). Unklar ist, ob solche Joint Ventures einer Doppelprüfung nach den Bestimmungen über die Fusionskontrolle und denjenigen von Art. 5 und 7 KG unterliegen (so Ducrey, GU, S. 144; Zurkinden, S. 158 f.) oder ob nur eine Prüfung nach den Regeln der Fusionskontrolle erfolgen soll (so Zäch, Rz 747 ff.; differenzierend Ruchin, S. 79 ff., 185 ff. und 204 f., für den das Verhalten der Gründer in deren Tätigkeitsbereich nach Art. 5 bzw. 7 KG und dasjenige im Tätigkeitsbereich des Joint Ventures im Verfahren der Fusionskontrolle zu prüfen ist).

Bei der Gründung von Joint Ventures steht die Strukturveränderung des betroffenen Markts im Vordergrund (vgl. Ruchin, S. 204), weshalb im Folgenden nur auf die Fusionskontrolle eingegangen wird. Zu Wettbewerbsabreden, die den Wettbewerb nicht wesentlich beschränken (sog. *Ancilliary Restraints*; bspw. *Konkurrenzverbote*), sei auf die Ausführungen in Rz 42-4 ff. der Kommentierung verwiesen.

Die Fusionskontrolle erfasst sowohl den gemeinsamen Erwerb der Kontrolle über ein Unternehmen als auch die Gründung einer neuen Joint-Venture-Gesellschaft (Art. 2 VKU; vgl. demgegenüber den engeren Wortlaut von Art. 4 Abs. 3 lit. b KG; vgl. Ruchin, S. 145 ff.). Sofern die beteiligten Unternehmen die Schwellenwerte von Art. 9 Abs. 1 KG erreichen, ist der Weko Meldung zu erstatten (Art. 9 KG und Art. 9 ff. VKU). Ein Joint-Venture-Projekt ist anzumelden, sofern die beiden Gründer (vgl. Art. 3 Abs. 1 lit. b VKU) im letzten Geschäftsjahr vor dem Zusammenschluss

– zusammen einen (weltweiten) Umsatz von mindestens CHF 2 Milliarden oder einen auf die Schweiz entfallenden Umsatz von zusammen mindestens CHF 500 Millionen und

– beide in der Schweiz je einen Umsatz von mindestens CHF 100 Millionen erzielten (Art. 9 Abs. 1 KG).

Schliessen sich zwei KMU zu einem Joint Venture zusammen, dürften sie diese Schwellenwerte häufig nicht erreichen (beim Jahresumsatz ist bei kleinen Unternehmen von ca. CHF 12 Millionen und bei mittleren Unternehmen von ca. CHF 65 Mio. auszugehen; für eine detailliertere Definition von KMU siehe etwa Bähler, S. 17).

Die Gründer dürfen das Joint Venture grundsätzlich erst nach Ablauf eines Monats seit der vollständig erfolgten Meldung vollziehen (Art. 32 Abs. 2 KG und Art. 14 VKU).

Der kartellrechtlichen Meldepflicht unterliegen nur Zusammenschlussvorhaben in der Form von sog. *Vollfunktions-Joint-Ventures*. Das sind Joint Ventures, die «auf Dauer alle Funktionen einer selbständigen wirtschaftlichen Einheit erfüllen» (Art. 2 Abs. 1 VKU). Sie müssen folglich auf dem Markt als selbständige Anbieter oder Nachfrager auftreten und eine von ihren Muttergesellschaften unabhängige Geschäftspolitik verfolgen (vgl. u.a. RPW *2008* 274 ff., Rz 21 ff.; RPW *2007* 305 ff., Rz 19 ff.). Sind die Voraussetzungen für ein Vollfunktions-Joint-Venture nicht erfüllt, liegt ein sog. *Teilfunktions-Joint-Venture* vor, das von der VKU nicht erfasst wird. Dieses tritt nicht auf Dauer als selbständige wirtschaftliche Einheit am Markt auf, sondern erfüllt lediglich bestimmte Aufgaben für die Muttergesellschaften (bspw. getrennte Herstellung und gemeinsamer Vertrieb; vgl. die Beispiele bei DUCREY, GU, S. 141, und OERTLE, S. 14 f., sowie den Fall «Virtuelle Kalenderfabrik Schweiz», RPW *1998* 21 ff., Rz 9 ff.). Bestehen Unsicherheiten, ob ein Voll- oder ein Teilfunktions-Joint-Venture vorliegt, können die Gründer das Sekretariat der Weko um Erlass eines *Comfort Letters* ersuchen (BÜRGI/STAFFELBACH, Rz 10). Kartellrechtlich relevant sind Teilfunktions-Joint-Ventures dennoch. Es bleibt zu prüfen, ob eine schädliche Wettbewerbsabrede i.S.v. Art. 4 ff. KG vorliegt. Diesbezüglich besteht aber in der Schweiz keine Meldepflicht. Wenn die Grundvereinbarung und die Satellitenverträge sorgfältig redigiert werden, lässt sich häufig eine kartellrechtskonforme Zusammenarbeit erreichen. Um das zeit- und kostenintensive kartellrechtliche Meldeverfahren zu umgehen, bietet sich daher in gewissen Fällen eine Kooperation in Form eines Teilfunktions-Joint-Ventures an (zum Ganzen siehe u.a. VON BÜREN ET AL., Rz 1586 ff. u. 2172 ff.; DUCREY, GU, 135 ff.; BÜRGI/STAFFELBACH, Rz 7 ff.; ZÄCH, Rz 734 ff.). Im Übrigen sei insbesondere auf die kartellrechtliche Literatur zu Joint Ventures in der Schweiz verwiesen (namentlich RUCHIN; DUCREY, GU; SUTER DEPLAZES; ZURKINDEN; ZÄCH, Rz 728).

Aufgrund des in den meisten Staaten geltenden kartellrechtlichen *Auswirkungsprinzips* (vgl. ZURKINDEN, S. 160 f.) sind auch die möglicherweise betroffenen ausländischen Kartellrechtsgesetzgebungen zu konsultieren (insbesondere diejenige der EG oder der EU-Mitgliedstaaten; zum EG-Kartellrecht in Bezug auf Joint Ventures siehe anstatt vieler SCHULTE/POHL, Rz 473 ff., SCHULTE ET AL., S. 241 ff., und, wenn auch veraltet, MEIER-SCHATZ). Joint Ventures mit Sitz in der Schweiz müssen somit der europäischen Kommission bzw. der Kartellbehörde eines EG-Mitgliedstaats gemeldet werden, sofern die entsprechenden Aufgreifkriterien erfüllt sind (vgl. ZURKINDEN, S. 165 ff.). Immerhin haben KMU die Fusionskontrolle der EG kaum zu fürchten, weil die Vorschriften der Fusionskontrollverordnung nur für grosse Zusammenschlüsse gelten (vgl. Art. 1 Abs. 2 und 3 FKVO).

XII. Internationale Joint Ventures

Die Grundvereinbarung beinhaltet vertragliche und gesellschaftsrechtliche Aspekte und bezieht Gesellschaftsdokumente als Anhänge in die Vereinbarung ein. In aller Regel ist Schweizer Juristen daher zu empfehlen, die Joint-Venture-Gesellschaft in der Schweiz zu errichten und den Vertrag dem schweizerischen Recht zu unterstellen. Der Mustervertrag richtet sich denn auch an diese Situation. Soll die Joint-Venture-Gesellschaft im Ausland angesiedelt werden, kann die Vertragsvorlage lediglich als Checkliste verwendet werden. Für die Gestaltung der gesellschaftsbezogenen Klauseln und Anhänge sollte sodann ein Kenner der ausländischen Rechtsordnung eingeschaltet werden.

Bei ausländischen Joint Ventures sind nicht nur das andere rechtliche Umfeld, sondern insbesondere auch kulturelle Aspekte zu berücksichtigen. Für *Indien* vgl. etwa die Arbeiten von WEIS und PODEHL ET AL. Bei Joint Ventures in Indien muss beispielsweise eine Schiedsklausel sorgfältig redigiert werden. Ein Schiedsspruch eines Schiedsgerichts mit Sitz ausserhalb Indiens kann in Indien nach der zurzeit aktuellen Rechtsprechung des indischen Supreme Court nämlich wie ein inländischer Schiedsspruch angefochten werden, wenn die Parteien die Bestimmungen von Part I des indischen Arbitration and Conciliation Act 1996 nicht ausgeschlossen haben (auch wegen Verletzung indischen materiellen Rechts; Entscheid des indischen Supreme Court vom 10. Januar 2008 in Sachen *Venture Global Engineering v. Satyam Computer Services Ltd.*, abrufbar unter <http://www.commonlii.org/in/cases/INSC/2008/40.html>). Bei gültigem Ausschluss jenes Gesetzesabschnittes kann ein solcher Schiedsspruch in Indien nach den Vorgaben des New Yorker Übereinkommens über die Anerkennung und Vollstreckung von Schiedssprüchen vollstreckt werden, aber nur dann, wenn der Schiedsspruch in einem Mitgliedstaat des Übereinkommens ergangen ist, der nach Ansicht der indischen Regierung die Gegenseitigkeit gewährt (Art. 44 des indischen Arbitration and Conciliation Act 1996; zum Ganzen und für eine Musterschiedsklausel siehe RITZ, Pitfalls).

2. Mustervertrag

Joint-Venture-Vertrag

zwischen

[Firma] AG, [Adresse] (nachfolgend «X»)

und

[Firma] AG, [Adresse] (nachfolgend «Y»)

Präambel

[1] X ist im Bereich [Beschreibung] tätig und verfügt u.a. über [Know-how, Immaterialgüterrechte, Vermögenswerte etc., die für das Gemeinschaftsunternehmen wichtig sind].

[2] Y ist im Bereich [Beschreibung] tätig und verfügt u.a. über [Know-how etc.].

[3] Die Parteien beabsichtigen, ein Gemeinschaftsunternehmen mit Sitz in [Ort in der Schweiz] für den in Ziff. 2 dieses Vertrags definierten Zweck zu gründen und zu betreiben.

[4] Am Gemeinschaftsunternehmen in der Form einer Aktiengesellschaft sollen die Parteien je zur Hälfte beteiligt sein.

Die Parteien vereinbaren deshalb was folgt:

I. Gründung

1. Die Parteien werden unter der Firma [Firma] ein Gemeinschaftsunternehmen in der Rechtsform einer Aktiengesellschaft nach Art. 620 ff. des schweizerischen Obligationenrechts mit Sitz in [Ort] und mit einem Aktienkapital von CHF [Betrag], eingeteilt in [Anzahl] Namenaktien mit einem Nennwert von je CHF [Betrag], gründen (nachfolgend «Gesellschaft»).

2. Die Gesellschaft bezweckt die Entwicklung, die Herstellung, den Vertrieb und die Vermarktung von [Produkte] in [Länder] in Übereinstimmung mit dem Businessplan in *Anhang 1* und den Bestimmungen dieses Vertrags und seiner anderen Anhänge (nachfolgend «Zweck»). Der Businessplan wird von der Geschäftsleitung der Gesellschaft von Zeit zu Zeit aufdatiert. Diese Änderungen sind vom Verwaltungsrat der Gesellschaft zu genehmigen.

3. Die Geschäftsräume der Gesellschaft befinden sich in der Liegenschaft der Gesellschaft an der [Adresse].

4. Die Parteien sind an der Gesellschaft je zur Hälfte beteiligt. Dieses Beteiligungsverhältnis wird auch bei künftigen Kapitalerhöhungen/-herabsetzungen beibehalten.

5. [1] Die Parteien haben sich auf folgende diesem Vertrag beiliegenden Gründungsdokumente der Gesellschaft geeinigt:

   a) Statuten *(Anhang 2)*;
   b) Gründungsurkunde *(Anhang 3)*;
   c) Sacheinlageverträge, inkl. Inventarlisten, Gründungsbericht und Entwurf der Prüfungsbestätigung, zwischen der Gesellschaft und X *(Anhang 4)* bzw. Y *(Anhang 5)*;
   d) Wahlannahmeerklärungen der Verwaltungsräte und der Revisionsstelle *(Anhang 6a)*;
   e) Beschluss des Verwaltungsrats über dessen Konstituierung und Zeichnungsberechtigungen *(Anhang 6b)*;
   f) Stampa- und Lex-Friedrich-Erklärung *(Anhang 6c)*; und
   g) Anmeldung an das Handelsregister *(Anhang 6d)*.

   [2] Ferner haben sich die Parteien auf das Organisationsreglement des Verwaltungsrats und der Geschäftsleitung der Gesellschaft in *Anhang 7* geeinigt.

6. [1] Die Parteien werden ihre je [Anzahl] Namenaktien mit einem Nennwert von je CHF [Betrag] wie folgt liberieren:

   a) X: – CHF [Betrag] durch Bareinlage;
      – CHF [Betrag] durch Sacheinlage von [z.B. Immaterialgüterrechten] gemäss Sacheinlagevertrag, inkl. Inventarliste, in *Anhang 4*;
   b) Y: – CHF [Betrag] durch Bareinlage;
      – CHF [Betrag] durch Sacheinlage von [z.B. Liegenschaft, Maschinen] gemäss Sacheinlagevertrag, inkl. Inventarliste, in *Anhang 5*.

   [2] Anstelle von einzelnen Namenaktien stellt die Gesellschaft Zertifikate über mehrere Aktien aus.

   Variante:

   [2] Die Gesellschaft verzichtet auf Druck und Auslieferung von Aktienurkunden.

[3] Die Parteien werden die Bareinlagen gemäss obigem Absatz 1 rechtzeitig vor der Gründungsversammlung auf das Kapitaleinzahlungskonto [Kontodetails] zugunsten [Firma der Gesellschaft] AG (in Gründung) bei der [Bank] einbezahlen.

[4] Der Mehrwert der Sacheinlagen von X und Y im Umfang von CHF [Betrag] bzw. CHF [Betrag] wird als Agio verbucht. Die Parteien sind nicht berechtigt, in diesem Umfang später zusätzliche Aktien zu beziehen.

7. Die Gründung der Gesellschaft mit den Gründungsdokumenten gemäss Ziff. 5 oben findet spätestens am [Datum] im Notariat [Bezeichnung] statt. Rechtzeitig im Voraus stellt [X bzw. Y] die Gründungsdokumente und die weiteren erforderlichen Dokumente (Prüfungsbestätigung betr. Gründungsbericht und Kapitaleinzahlungsbestätigung der [Bank]) dem Notariat und dem zuständigen Handelsregisteramt zur Vorprüfung zu. Unmittelbar nach Gründung der Gesellschaft haben die Parteien die Anmeldung beim zuständigen Handelsregisteramt vorzunehmen.

   Erste Variante (bei vorgängiger Einholung von Bewilligungen, z.B. Bau- oder Betriebsbewilligungen oder eines Steuerrulings):

   Die Parteien gründen die Gesellschaft mit den Gründungsdokumenten gemäss Ziff. 5 Abs. 1 oben unverzüglich nach Erteilung der Bewilligung für [Bewilligungsart] im Notariat [Bezeichnung], sofern die Bewilligung zur Zufriedenheit beider Parteien ausfällt. Zur Erlangung der Bewilligung werden die Parteien Folgendes unternehmen: [Beschreibung]. Unmittelbar nach Gründung der Gesellschaft haben die Parteien die Anmeldung beim zuständigen Handelsregisteramt vorzunehmen.

   Zweite Variante (bei kartellrechtlich problematischen Joint Ventures):

   Die Parteien gründen die Gesellschaft mit den Gründungsdokumenten gemäss Ziff. 5 Abs. 1 oben unverzüglich, nachdem die zuständigen Kartellbehörden (a) kein Prüfungsverfahren eröffnet haben, (b) die Zusammenarbeit genehmigt oder freigestellt haben oder (c) die Zusammenarbeit wegen Fristablaufs nicht mehr untersagen können. Die Federführung bei der Anmeldung zur Fusionskontrolle übernimmt [X / Y]. [Y / X] unterstützt [X / Y] hierbei. Unmittelbar nach Gründung der Gesellschaft haben die Parteien die Anmeldung beim zuständigen Handelsregisteramt vorzunehmen.

8. Die Parteien sind verpflichtet, alle Handlungen vorzunehmen, Auskünfte zu erteilen und Erklärungen abzugeben, die für die Gründung der Gesellschaft und für ihre Eintragung im Handelsregister sowie für den Erhalt der Bewilligungen bzw. Genehmigungen notwendig sind. Allfällige Beanstandungen des Notariats und des Handelsregisteramts sowie anderer Behör-

den werden die Parteien im gegenseitigen Einvernehmen so rasch wie möglich beheben.

9. Die im Zusammenhang mit der Gründung der Gesellschaft anfallenden Kosten und Gebühren von Dritten gemäss Ziff. 7 oben übernimmt die Gesellschaft [*Variante:* (...) tragen die Parteien je zur Hälfte]. Alle anderen Aufwendungen, inklusive der Ausarbeitung dieses Vertrags und seiner Anhänge, tragen die Parteien selber.

II. Satellitenverträge

A. Im Allgemeinen

10. Unmittelbar vor der Gründungsversammlung der Gesellschaft müssen folgende Satellitenverträge mit der Gesellschaft in unveränderter Form abgeschlossen werden:
    a) seitens X:
        aa) Sacheinlagevertrag, inkl. Inventarliste *(Anhang 4)*;
        bb) Lizenzvertrag [z.B. betreffend Patente, Marken etc. oder Knowhow] *(Anhang 8)*; und
        cc) Dienstleistungsvertrag [z.B. betreffend IT-Support, Rechts- und Steuerberatung, Marketing etc.] *(Anhang 9)*.
    b) seitens Y:
        aa) Sacheinlagevertrag, inkl. Inventarliste *(Anhang 5)*;
        bb) Lizenzvertrag [z.B. betreffend Patente, Marken etc. oder Knowhow] *(Anhang 10)*;
        cc) Dienstleistungsvertrag [z.B. betreffend IT-Support, Rechts- und Steuerberatung, Marketing etc.] *(Anhang 11)*; und
        dd) Liefervertrag *(Anhang 12)*.

11. Die Parteien werden dafür sorgen, dass die Gesellschaft die Satellitenverträge gemäss Ziff. 10 oben übernimmt. Der Verwaltungsrat hat den entsprechenden Beschluss innerhalb von [Anzahl] Wochen nach der Eintragung der Gesellschaft im Handelsregister zu fassen.

12. Allfällige in Zukunft abzuschliessende Verträge zwischen den Parteien sowie ihrer verbundenen Unternehmen einerseits und der Gesellschaft andererseits sind wie die Satellitenverträge gemäss Ziff. 10 oben zu marktüblichen Konditionen abzuschliessen und bedürfen der vorgängigen schriftlichen Zustimmung derjenigen Partei, die nicht Vertragspartei ist. Sie werden diesem Vertrag als Anhänge beigefügt.

13. Verletzt eine Partei ihre Verpflichtungen aus den Satellitenverträgen mit der Gesellschaft oder liegt ein Verstoss gegen ihre Garantien gemäss Ziff. 14

bzw. 15 unten vor, ist die andere Partei jederzeit berechtigt, die Erfüllung ihrer Pflichten aus ihren Satellitenverträgen mit der Gesellschaft gemäss Ziff. 10 und 12 oben so lange auszusetzen, bis die Verletzung behoben ist.

B. *Garantien*

14. X garantiert, dass

   a) die der Gesellschaft lizenzierten [Patente, Marken etc.] gemäss Ziff. 10 lit. a/bb oben (nachfolgend «Immaterialgüterrechte-X») im rechtmässigen, alleinigen Eigentum von X stehen und X frei über sie verfügen kann;

   b) an den Immaterialgüterrechten-X keine Drittrechte (Eigentum, Pfandrechte, Nutzniessung, Lizenzrechte, sonstige vertragliche Rechte oder andere das Eigentum oder die Verfügungsfähigkeit beschränkende oder belastende Rechte) bestehen;

   c) ihres Wissens keine Dritte die Immaterialgüterrechte-X verletzen und auch nicht die Gefahr einer solchen Verletzung besteht;

   d) keine hängigen oder sich abzeichnenden Gerichts-, Verwaltungs- oder andere Verfahren irgendwelcher Art hinsichtlich der Immaterialgüterrechte-X bestehen oder vernünftigerweise zu erwarten sind;

   e) [*bei Patenten:*] keine Verpflichtungen bestehen, Dritten geheime Informationen betreffend die Immaterialgüterrechte-X zu offenbaren oder sonst zugänglich zu machen; und

   f) die gemäss Sacheinlagevertrag (Ziff. 10 lit. a/aa oben) einzubringenden [...] einen Wert von mindestens CHF [Betrag] haben.

15. Y garantiert, dass

   a) die an die Gesellschaft lizenzierten [Patente, Marken etc.] gemäss Ziff. 10 lit. b/bb oben (nachfolgend «Immaterialgüterrechte-Y») im rechtmässigen, alleinigen Eigentum von Y stehen und Y frei über sie verfügen kann;

   b) [*vgl. im Übrigen Ziff. 14 oben*].

16. [1] Bei Verletzung der Garantien gemäss Ziff. 14 und 15 oben (Unvollständigkeit, Unwahrheit, Irreführung etc.) ist die andere Partei nebst den Rechten gemäss Ziff. 13 oben ohne zeitliche Beschränkung jederzeit berechtigt, diese Verletzung zu rügen und die Konventionalstrafe gemäss Ziff. 45 unten geltend zu machen.

   [2] Die schädigende Partei ist verpflichtet, die Gesellschaft von jeglichen Drittansprüchen schadlos zu halten und den Schaden sowie alle Kosten und

Ausgaben (inklusive Anwaltshonorare) der Gesellschaft zu ersetzen. Die schädigende Partei ist verpflichtet und hat dafür einzustehen, dass ihre Verwaltungsräte bzw. Geschäftsleitungsmitglieder bei der Abstimmung über die Geltendmachung dieses Schadens in den Ausstand treten.

III. Finanzierung

17. Die Parteien gewähren der Gesellschaft zur Sicherung der Liquidität je ein Darlehen in der Höhe von CHF [Betrag] gemäss separaten Darlehensverträgen *(Anhänge 13 und 14)*.

18. [1] Die Parteien werden die Gesellschaft in dem im Businessplan *(Anhang 1)* festgehaltenen Zeitpunkt mit je einem weiteren Darlehen finanzieren.

    [2] Bei Bedarf bemühen sich die Parteien im Sinne von Ziff. 36 unten, die weitere Finanzierung der Gesellschaft sicherzustellen, sei dies mittels

    a) Kapitalerhöhung, Darlehensgewährung oder einer anderen angemessenen Finanzierungsform durch die Parteien im Verhältnis ihrer Beteiligungen am Aktienkapital oder

    b) Darlehensgewährung oder einer anderen angemessenen Finanzierungsform durch Dritte.

    Variante (anstelle von Abs. 1 und 2):

    Die Parteien sind mangels gegenteiliger schriftlicher Vereinbarung nicht verpflichtet, der Gesellschaft nebst der Darlehensgewährung in Ziff. 17 oben zusätzliche Finanzmittel zur Verfügung zu stellen, selbst wenn das Kapital der Gesellschaft für die Erreichung ihres Zwecks nicht ausreichen sollte. Die weitere Finanzierung erfolgt auf den üblichen Finanzierungswegen.

19. [1] Ist das Eigenkapital der Gesellschaft nicht mehr gedeckt, sind die Parteien verpflichtet, die Gesellschaft im Verhältnis ihrer Beteiligungen zu sanieren. Dabei haben die Partien als erste Massnahme Rangrücktrittserklärungen im Sinne von Art. 725 Abs. 2 OR abzugeben.

    [2] Will oder kann eine Partei ihren anteilmässigen Sanierungsbeitrag nicht leisten, steht der sanierenden Partei ein Kaufrecht analog Ziff. 56 und 57 unten zu, wobei der Kaufpreis dem inneren Wert der Aktien entspricht. Der Umfang des Kaufrechts der sanierenden Partei bestimmt sich wie folgt: Beteiligt sich die andere Partei

    a) überhaupt nicht an der Sanierung, umfasst das Kaufrecht alle ihre Aktien;

b) teilweise an der Sanierung, umfasst das Kaufsrecht einen proportionalen Anteil ihrer Aktien entsprechend dem Verhältnis des tatsächlichen Sanierungsbetrags zu dem gemäss ihrem Aktienbesitz notwendigen Sanierungsbetrag.

IV. Organisation

A. *Generalversammlung und Revisionsstelle*

20. Hinsichtlich der Generalversammlung und der Revisionsstelle der Gesellschaft gelten die Bestimmungen der Statuten *(Anhang 2)* und subsidiär diejenigen des Obligationenrechts.

21. Das Amt des Vorsitzenden der Generalversammlung wird vom Vizepräsidenten des Verwaltungsrats besetzt.

22. Die Revisionsstelle der Gesellschaft ist die [Firma]. Sie amtet für eine erste Amtsdauer von [einem, zwei oder drei] Geschäftsjahr[en].

B. *Verwaltungsrat*

23. [1] Der Verwaltungsrat besteht aus vier Mitgliedern, wobei die Parteien je zwei ihrer Mitarbeiter des obersten Kaders als Verwaltungsräte bestimmen. Der Verwaltungsratspräsident amtet für [zwei] Jahre und wird alternierend von einem Vertreter von X bzw. Y besetzt. Bei Pattsituationen hat er keinen Stichentscheid. Als Vizepräsident amtet für die gleiche Amtsdauer wie der Präsident jeweils ein Vertreter der anderen Partei.

[2] Die Parteien können ihre Vertreter im Verwaltungsrat jederzeit ersetzen.

[3] Im Übrigen gelten die Bestimmungen der Statuten *(Anhang 2)* und des Organisationsreglements *(Anhang 7)* sowie subsidiär diejenigen des Obligationenrechts.

24. Bei Gründung der Gesellschaft wählen die Parteien folgende Verwaltungsräte:
    a) als Vertreter von X: – [Name], Präsident, und
       – [Name];
    b) als Vertreter von Y: – [Name], Vizepräsident, und
       – [Name].

C. *Geschäftsleitung*

25. Der Verwaltungsrat überträgt das Tagesgeschäft nach Massgabe des Organisationsreglements *(Anhang 7)* auf die Geschäftsleitung. Die Geschäftsleitung besteht aus fünf Mitgliedern, die nicht gleichzeitig Verwaltungsräte sein dürfen.

26. [1] Als erste Mitglieder der Geschäftsleitung sind folgende Personen für nachstehende Funktionen vorgesehen:
   a) [unabhängiger Dritter]: Vorsitzender;
   b) [von X bestimmte Person]: Finanzen und Administration;
   c) [von X bestimmte Person]: Vertrieb und Marketing;
   d) [von Y bestimmte Person]: Forschung und Entwicklung;
   e) [von Y bestimmte Person]: Produktion.

   [2] Als Vorsitzender der Geschäftsleitung ist nur eine von beiden Parteien unabhängige und unparteiische Persönlichkeit wählbar.

D. *Gemeinsame Bestimmungen*

27. Die Verwaltungsräte und die Geschäftsleitungsmitglieder zeichnen kollektiv zu zweien.

28. Bei einer Pattsituation in einer Versammlung bzw. Sitzung sind Ziff. 33 ff. unten anwendbar.

E. *Stimmrechtsausübung und Informationsrechte*

29. [1] Die Parteien müssen ihre Stimmrechte im Rahmen des gesetzlich Zulässigen so ausüben, dass sich die Gesellschaft stets an die Bestimmungen dieses Vertrags und seiner Anhänge (in der jeweils aktuellen Fassung) sowie deren Sinn und Zweck hält. Die Parteien haben die von ihnen als Organe der Gesellschaft delegierten Personen entsprechend anzuweisen.

   [2] Die Parteien sind insbesondere verpflichtet,
   a) in der Gründungsversammlung die Gründungsurkunde gemäss *Anhang 3* zu unterzeichnen;
   b) ihre Verwaltungsräte anzuweisen, so rasch wie möglich
      aa) ihre Wahlannahmeerklärungen abzugeben und dem Beschluss des Verwaltungsrats über seine Konstituierung und die Erteilung seiner Zeichnungsberechtigungen zuzustimmen (*Anhänge 6a und 6b*),
      bb) das Organisationsreglement gemäss *Anhang 7* zu verabschieden sowie
      cc) die ersten Mitglieder der Geschäftsleitung gemäss Ziff. 26 oben zu wählen und ihnen Kollektivunterschrift zu zweien zu erteilen;
   c) in den Generalversammlungen der Neu- bzw. Wiederwahl der von der anderen Partei vorgeschlagenen Verwaltungsräte zuzustimmen, sofern nicht zwingende Gründe gemäss Ziff. 30 unten dagegen sprechen; und

d) ihre Verwaltungsräte anzuweisen,
   aa) der Ersetzung von Geschäftsleitungsmitgliedern der anderen Partei zuzustimmen, sofern nicht zwingende Gründe gemäss Ziff. 30 unten dagegen sprechen, und
   bb) bei einer Veräusserung aller ihrer Aktien an die andere Partei oder an einen Dritten umgehend schriftlich ihren Rücktritt aus dem Verwaltungsrat zu erklären.

30. Als zwingende Gründe, welche die Nichtwahl oder die Absetzung bzw. Entlassung von Verwaltungsräten und Geschäftsleitungsmitgliedern rechtfertigen, gelten ausschliesslich:
    a) ernsthafte und bleibende gesundheitliche Probleme, welche die betreffende Person ganz oder teilweise hindern, den Verpflichtungen und Anforderungen, die ihre Funktion erfordert, nachzukommen;
    b) offensichtliche Misswirtschaft oder anhaltende Erfolglosigkeit; oder
    c) mangelnde fachliche Kompetenz und Erfahrung.

31. Die Parteien haben jederzeit Einsicht in sämtliche Unterlagen, welche die Gesellschaft betreffen; sie können sich jederzeit über den Gang der Gesellschaftsangelegenheiten in den Geschäftsbereichen unterrichten lassen, für welche die andere Partei zuständig ist. Vorbehalten bleiben das Recht Dritter (inklusive der Arbeitnehmer der Gesellschaft) auf vertrauliche Behandlung der sie betreffenden Informationen.

32. Die Verwaltungsräte, die Geschäftsleitungsmitglieder, die Arbeitnehmer und die Berater der Gesellschaft sind den Parteien gegenüber nicht zur Wahrung der Geschäftsgeheimnisse der Gesellschaft verpflichtet.

V. Lösung von Pattsituationen

33. [1] Falls über ein gehörig traktandiertes Geschäft der Generalversammlung oder des Verwaltungsrats der Gesellschaft in einer Versammlung bzw. Sitzung oder auf dem Zirkularweg kein Beschluss zustande kommt, findet innert [fünfzehn (15)] Tagen eine zweite (Universal-)Versammlung bzw. Sitzung statt.

    [2] Der Verwaltungsrat kann über dieses Geschäft nicht erneut auf dem Zirkularweg beschliessen. In diesen Fällen findet die Verwaltungsratssitzung spätestens [zwanzig (20)] Tage ab Unterzeichnung des Verwaltungsratsbeschlusses durch den ersten Verwaltungsrat statt.

    [3] Gelingt es ein zweites Mal nicht, einen vertrags- und statutengemässen Beschluss zu fassen, sind Ziff. 34 und 35 unten anwendbar [*bei Wahl der Varianten 1 und 2 zu Ziff. 34:* (...), *ist Ziff. 34 unten anwendbar*].

34. [1] Kommt erneut kein Beschluss zustande, kann jede Partei die Angelegenheit innerhalb von [fünf (5)] Tagen nach der zweiten Versammlung bzw. Sitzung den Vorsitzenden der Geschäftsleitungen der Parteien durch schriftliche Mitteilung zur Entscheidung unterbreiten.

[2] Sollte das fragliche Organ der Gesellschaft nicht innerhalb von [zwanzig (20)] Tagen nach der zweiten Versammlung bzw. Sitzung einen Beschluss fassen, so kann jede Partei die andere in Grundsatzfragen gemäss Definition in Abs. 4 dieser Ziff. 34 durch schriftliche Mitteilung darüber informieren, dass sie das Verfahren gemäss Ziff. 35 einleiten wird *[Variante: (…) informieren, dass diese Angelegenheit durch ein Mediationsverfahren gemäss (…)* (*für den weiteren Wortlaut siehe Variante 2 zu dieser Ziff. 34)]*.

[3] In allen anderen Fällen als den Grundsatzfragen entscheidet das Los in einer dritten Versammlung bzw. Sitzung. Der Losentscheid ist durch das fragliche Organ umzusetzen. Diese Versammlung bzw. Sitzung findet spätestens [zehn (10)] Tage nach der zweiten Versammlung bzw. Sitzung statt.

[4] Als Grundsatzfragen gelten Beschlussfassungen über folgende Geschäfte:

a) nicht im Businessplan vorgesehene Kapitalerhöhungen;
b) Fusion, Spaltung oder Auflösung der Gesellschaft;
c) Änderung der im Businessplan (*Anhang 1*) festgelegten Unternehmensstrategie;
d) Abschluss oder Kündigung wesentlicher Verträge;
e) Verkauf und Belastung von Aktiven, die den Betrag von CHF [Betrag] übersteigen;
f) Forderungsverzichte über mehr als CHF [Betrag];
g) einmalige Investitionen, die den Betrag von CHF [Betrag] übersteigen;
h) jährlich wiederkehrende Verpflichtungen in der Höhe von über CHF [Betrag];
i) Einleitung von Prozessen mit einem Streitwert von über CHF [Betrag]; und
j) […].

Variante 1:

34. Jede Partei kann die Angelegenheit innerhalb von [fünf (5)] Tagen nach der zweiten Versammlung bzw. Sitzung den Vorsitzenden der Geschäftsleitungen der Parteien durch schriftliche Mitteilung zur Entscheidung unterbreiten. Sollte das fragliche Organ der Gesellschaft nicht innerhalb von [zehn (10)] Tagen nach der zweiten Versammlung bzw. Sitzung einen Be-

V. Lösung von Pattsituationen

schluss fassen, so entscheidet das Los. Dessen Entscheid ist durch das fragliche Organ umzusetzen.

Variante 2:

34. ¹ Jede Partei kann die Angelegenheit innerhalb von [fünf (5)] Tagen nach der zweiten Versammlung bzw. Sitzung den Vorsitzenden der Geschäftsleitungen der Parteien durch schriftliche Mitteilung zur Entscheidung unterbreiten. Sollte das fragliche Organ der Gesellschaft nicht innerhalb von [zehn (10)] Tagen nach der zweiten Versammlung bzw. Sitzung einen Beschluss fassen, so ist diese Auseinandersetzung durch ein Mediationsverfahren gemäss der Schweizerischen Mediationsordnung für Wirtschaftskonflikte der Schweizerischen Handelskammern zu regeln. Es gilt die zur Zeit der Zustellung der Einleitungsanzeige in Kraft stehende Fassung der Mediationsordnung.

² Der Sitz des Mediationsverfahrens ist [Ort in der Schweiz, es sei denn, die Parteien einigten sich auf einen Sitz im Ausland]; Sitzungen können auch in [Ort] abgehalten werden. Die Sprache des Mediationsverfahrens ist [Sprache].

³ Falls die Streitigkeiten, Meinungsverschiedenheiten oder Ansprüche nicht innerhalb von [sechzig (60)] Tagen nach der Bestätigung oder Ernennung des/der Mediators/Mediatoren durch die Kammern vollständig durch das Mediationsverfahren gelöst werden können, so entscheidet das Los.

⁴ Das fragliche Organ der Gesellschaft setzt die vereinbarte Lösung bzw. den Losentscheid um.

[Vorbemerkung: Bei Wahl der Varianten 1 und 2 zu Ziff. 34 ist Ziff. 35 (alle Varianten) zu streichen.]

35. *Variante 1 (russisches Roulette):*

¹ Wird die Pattsituation auch nicht innerhalb von weiteren [zehn (10)] Tagen nach Erhalt der Mitteilung gemäss Ziff. 34 Abs. 2 oben behoben, kann jede Partei (nachfolgend «Offertstellerin») innerhalb von weiteren [zwanzig (20)] Tagen der anderen Partei (nachfolgend «Wahlberechtigte») schriftlich und unter Hinweis auf deren Wahlrecht gemäss Abs. 2 dieser Bestimmung einen Preis für die Übernahme der Aktien der Gesellschaft nennen.

² Die Wahlberechtigte hat innerhalb von [dreissig (30)] Tagen nach Erhalt dieser Mitteilung schriftlich zu erklären, ob sie zum angebotenen Preis die Aktien der Offertstellerin kaufen oder ihre Aktien an die Offertstellerin

verkaufen will. Unterlässt sie dies, so steht das Wahlrecht der Offertstellerin zu, die innert weiteren [dreissig (30)] Tagen davon Gebrauch machen muss [*Variante 1:* Stillschweigen gilt als Zustimmung zum Kauf der Aktien der Wahlberechtigten / *Variante 2:* Stillschweigen gilt als Zustimmung zum Verkauf ihrer Aktien an die Offertstellerin].

[3] Massgebend für die Fristwahrung und die Verteilung der Rollen in diesem Verfahren ist jeweils der Poststempel. Falls sich die Offerten kreuzen, d.h. gemäss dem Poststempel vom gleichen Tag datieren, muss in Abweichung von Abs. 2 dieser Bestimmung diejenige Partei die Aktien der anderen Partei kaufen, die das höhere Angebot gemacht hat. [*Variante zu diesem Absatz:* In Abweichung von Ziff. 84 unten hat die Mitteilung gemäss Abs. 1 dieser Bestimmung mittels «PrivaSphere Secure Messaging» (www.privasphere.com), IncaMail (www.incamail.ch) oder einem anderen vertrauenswürdigen Anbieter eingeschriebener E-Mails oder per Kurier zu erfolgen. Massgebend für die Fristwahrung und Verteilung der Rollen in diesem Verfahren sind das Datum und die Uhrzeit der E-Mails bzw. der Übergabe der Mitteilungen an den Kurier.]

[4] Der Kauf ist innerhalb von [sechzig (60)] Tagen nach Abgabe der Erklärung der Wahlberechtigten bzw. der Erklärung der Offertstellerin betreffend Ausübung des Wahlrechts gemäss Abs. 2 dieser Ziff. 35 unter Beachtung von Ziff. 75 und 76 unten zu vollziehen.

35. *Variante 2 (Texas-Shoot-out):*

[1] Wird die Pattsituation auch nicht innerhalb von weiteren [zehn (10)] Tagen nach Erhalt der Mitteilung gemäss Ziff. 34 Abs. 2 oben behoben, kann jede Partei (nachfolgend «Offertstellerin») der anderen Partei innerhalb von weiteren [zwanzig (20)] Tagen ein unwiderrufbares Angebot zum Kauf von deren Aktien der Gesellschaft unterbreiten. Der anderen Partei steht dieses Recht danach nicht mehr zu.

[2] Innerhalb von [zwanzig (20)] Tagen kann die andere Partei erklären, ob sie

a) ihre Aktien der Gesellschaft zum von der Offertstellerin festgesetzten Preis verkaufen oder

b) die Aktien der Gesellschaft der Offertstellerin zu einem höheren Preis kaufen will.

[3] Entscheidet sie sich für die zweite Möglichkeit und nimmt die Offertstellerin das Angebot nicht innert [zehn (10)] Tagen an, findet eine Versteigerung mit einmaligem Gebot nach folgenden Regeln statt: Mit der Durchführung dieser Versteigerung beauftragen die Parteien gemeinsam eine

beiden Seiten genehme natürliche oder juristische Person. Einigen sich die Parteien nicht innert [zwanzig (20)] Tagen über die Wahl der mit der Versteigerung zu beauftragenden Person, so kann jede Partei beim Präsidenten der Handelskammer [...] deren Bestimmung beantragen.

[4] Der Versteigerungsleiter setzt beiden Parteien eine Frist von [zwanzig (20)] Tagen an, innert der ein versiegeltes schriftliches Gebot für 50% der Aktien der Gesellschaft bei ihm einzureichen ist. Nach Ablauf der Frist eröffnet der Versteigerungsleiter die Gebote. Die Partei, die das höhere Gebot unterbreitet hat, muss das Paket der Gegenpartei zu dem von ihr gebotenen Preis übernehmen. Bei gleichen Geboten entscheidet das Los. Verzichtet eine Partei innerhalb der Frist auf die Unterbreitung eines Angebots, so erfolgt der Zuschlag an die andere Partei.

[5] Die Kosten der Versteigerung sind durch die Parteien auf Anordnung des Versteigerungsleiters vorzuschiessen. Der Versteigerungsleiter bestimmt die endgültige Kostentragung [*Variante:* Die Parteien tragen die tatsächlich entstandenen Kosten je zur Hälfte.].

[6] Der Kauf ist innerhalb von [sechzig (60)] Tagen nach Ausübung der Verkaufserklärung gemäss Abs. 2 lit. a bzw. nach Eröffnung der Gebote gemäss Abs. 4 [*bei Wahl der untenstehenden Variante «mehrstufige Versteigerung»*: (...) bzw. nach Eröffnung des definitiven Gebots (...)] gemäss Ziff. 75 und 76 unten zu vollziehen.

[7] Massgebend für die Fristwahrung und die Verteilung der Rollen in diesem Verfahren ist jeweils der Poststempel. Falls sich die Offerten kreuzen, ... [*für den weiteren Wortlaut vgl. Variante 1 Abs. 3*].

Variante mehrstufige Versteigerung (Abs. 3 und 4 sind durch folgende Absätze zu ersetzen):

[3] Entscheidet sie sich für die zweite Möglichkeit, findet eine Versteigerung mit mehreren Bietrunden nach folgenden Regeln statt: Mit der Durchführung dieser Versteigerung beauftragen die Parteien gemeinsam eine beiden Seiten genehme natürliche oder juristische Person. Einigen sich die Parteien nicht innert [zwanzig (20)] Tagen über die Wahl der mit der Versteigerung zu beauftragenden Person, so kann jede Partei beim Präsidenten der Handelskammer [...] deren Bestimmung beantragen.

[4] Der Versteigerungsleiter setzt beiden Parteien eine Frist von [dreissig (30)] Tagen an, innert der ein erstes versiegeltes schriftliches Gebot für 50% der Aktien der Gesellschaft bei ihm einzureichen ist. Nach Ablauf der Frist eröffnet der Versteigerungsleiter die Gebote und setzt den Parteien eine neue Frist zwischen [fünf (5) und zehn (10)] Tagen zur schriftlichen

Unterbreitung eines höheren Gebots als das bisherige höchste Gebot. Dieses Prozedere wird so lange fortgesetzt, bis keine Erhöhung des höchsten Gebots mehr erfolgt. Die Partei, die das höchste Gebot unterbreitet hat, muss die Aktien der anderen Partei zu diesem Preis übernehmen. Verzichtet eine Partei oder verzichten beide Parteien darauf, fristgemäss ein Gebot zu unterbreiten, so erfolgt der Zuschlag an diejenige Partei, die fristgemäss das höchste Gebot unterbreitet hat.

[Abs. 5–7: Text gemäss Hauptvariante dieser Variante 2 zu Ziff. 35]

35. *Variante 3 (direkte Versteigerung):*

    [1] Kann die Pattsituation auch nicht innerhalb von weiteren [zwanzig (20)] Tagen nach Erhalt der Mitteilung gemäss Ziff. 34 Abs. 2 oben behoben werden, findet eine Versteigerung mit einmaligem Gebot nach folgenden Regeln statt: Mit der Durchführung dieser ... *[für den weiteren Wortlaut siehe Variante 2 Abs. 3 (ab Satz 2) ff. sowie Abs. 4–6].*

35. *Variante 4 (Baseball- bzw. Final-Offer-«Arbitration»):*

    [1] Wird die Pattsituation auch nicht innerhalb von weiteren [zehn (10)] Tagen nach Erhalt der Mitteilung gemäss Ziff. 34 Abs. 2 oben behoben, findet ein Final-Offer-/Baseball-Verfahren mit einmalig versiegeltem Gebot nach folgenden Regeln statt: Mit der Durchführung dieses Verfahrens beauftragen die Parteien die Revisionsgesellschaft der Gesellschaft. Falls jene das Mandat ablehnen sollte, wird als Verfahrensleiterin eine vom Präsidenten der [Zürcher] Handelskammer bestimmte national anerkannte Treuhandgesellschaft eingesetzt.

    [2] Die Verfahrensleiterin setzt beiden Parteien eine Frist von [zwanzig (20)] Tagen an, innert der ein versiegeltes schriftliches Gebot für 50% der Aktien der Gesellschaft bei ihr einzureichen ist. Die Versteigerungsleiterin darf die Gebote bis zur Eröffnung gemäss Abs. 4 dieser Bestimmung nicht entsiegeln.

    [3] Verzichtet eine Partei innerhalb dieser Frist auf die Unterbreitung eines Angebots, so erfolgt der Zuschlag an die andere Partei. Andernfalls bestimmt die Verfahrensleiterin den inneren Wert für 50% der Aktien nach den in der Branche, in der die Gesellschaft tätig ist, anerkannten Unternehmensbewertungsmethoden. Dabei amtet die Verfahrensleiterin als Schiedsgutachterin im Sinne von Art. 189 der schweizerischen Zivilprozessordnung. Die Schiedsgutachterin bestimmt die Verfahrensregeln nach eigenem freiem Ermessen unter Berücksichtigung zwingender Verfahrens-

grundsätze des schweizerischen Rechts. Sie legt den inneren Wert der Aktien für beide Parteien verbindlich und endgültig fest.

[4] Die Verfahrensleiterin eröffnet den von ihr bestimmten inneren Wert für 50% der Aktien möglichst innerhalb von vier (4) Wochen seit ihrer Ernennung in Anwesenheit je eines Vertreters der Parteien und entsiegelt anschliessend die Gebote der Parteien. Die Partei, deren Gebot dem von der Verfahrensleiterin bestimmten Betrag am nächsten kommt, muss das Paket der Gegenpartei zu dem von ihr gebotenen Preis übernehmen. Bei gleichen Geboten entscheidet das Los.

[5] Massgebend für die Fristwahrung ist jeweils der Poststempel.

[6] Die voraussichtlichen Kosten dieses Verfahrens, inkl. der Ermittlung des inneren Werts der Aktien, sind von den Parteien auf Anordnung der Verfahrensleiterin je zur Hälfte vorzuschiessen. Die Verfahrensleiterin bestimmt die endgültige Kostentragung [*Variante:* Die Parteien tragen die Kosten je zur Hälfte.].

[7] Der Kauf ist innerhalb von [sechzig (60)] Tagen nach der Eröffnung durch die Verfahrensleiterin gemäss Ziff. 75 und 76 unten zu vollziehen.

35. *Variante 5 (Multi-Choice-Verfahren):*
[1] Wird die Pattsituation auch nicht innerhalb von weiteren [zwanzig (20)] Tagen nach Erhalt der Mitteilung gemäss Ziff. 34 Abs. 2 oben behoben, kann jede Partei (nachfolgend «veräusserungswillige Partei») der anderen Partei anzeigen, dass sie ihre Aktien an der Gesellschaft veräussern möchte. Die Parteien müssen danach über die Aufhebung der Zusammenarbeit nach einer der folgenden Möglichkeiten (oder einer Kombination) verhandeln:
a) Verkauf der Aktien der veräusserungswilligen Partei
   – an die andere Partei oder
   – an Dritte; oder
b) Verkauf sämtlicher Aktien der Gesellschaft an Dritte.

[2] Falls der Kaufvertrag nicht innerhalb
   – von [sechzig (60)] Tagen (im Verhältnis zwischen den Parteien des vorliegenden Vertrags) bzw.
   – von [sechs (6)] Monaten (beim Verkauf an Dritte)

seit Erhalt der Mitteilung gemäss Ziff. 34 Abs. 2 oben abgeschlossen und vollzogen wird (im Verhältnis zwischen den Parteien des vorliegenden Vertrags gemäss Kaufvertrag in *Anhang 15* und unter Einhaltung von Ziff. 75 und 76 unten), kann die veräusserungswillige Partei die Auflösung und Liquidation der Gesellschaft verlangen. Die andere Partei ist verpflichtet, dem hierfür erforderlichen öffentlich zu beurkundenden Gesellschafterbeschluss zuzustimmen (Art. 736 Ziff. 2 OR). Verweigert sie ihre Mitwirkung, stellt dies einen wichtigen Grund im Sinne von Art. 736 Ziff. 4 OR dar.

35. *Variante 6 (Deterrent Approach, abschreckender Ansatz):*

[1] Wird die Pattsituation auch nicht innerhalb von weiteren [zwanzig (20)] Tagen nach Erhalt der Mitteilung gemäss Ziff. 34 Abs. 2 oben behoben, kann jede Partei (nachfolgend die «beendigungswillige Partei») schriftlich die Bestimmung des inneren Werts pro Aktie im Verfahren gemäss Ziff. 73 und 74 unten verlangen.

[2] Innert [dreissig (30)] Tagen seit Mitteilung des inneren Werts hat die andere Partei die Wahl, entweder

a) alle ihre Aktien an die beendigungswillige Partei für [120]% des inneren Werts pro Aktie zu verkaufen oder

b) alle Aktien der beendigungswilligen Partei für [80%] des inneren Werts pro Aktie zu kaufen.

[3] Übt die andere Partei ihr Wahlrecht nicht oder nicht fristgemäss aus, gilt dies als Wahl der ersten Möglichkeit (Verkauf an die beendigungswillige Partei).

[4] Massgebend für die Fristwahrung und die Verteilung der Rollen in diesem Verfahren ist jeweils der Poststempel. Falls sich die Offerten kreuzen, ... *[für den weiteren Wortlaut vgl. Variante 1 Abs. 3].*

[5] Der Kauf ist innerhalb von [sechzig (60)] Tagen nach Ausübung des Wahlrechts bzw. nach unbenütztem Ablauf der Frist gemäss Abs. 2 dieser Ziff. 35 unter Beachtung von Ziff. 75 und 76 unten zu vollziehen.

VI. Allgemeine Treuepflicht

36. Die Parteien sind sowohl als Parteien dieses Vertrags und seiner Anhänge als auch in ihrer Eigenschaft als Gesellschafterinnen und Arbeit- bzw. Auftraggeberinnen der von ihnen in die Organe der Gesellschaft delegierten Personen verpflichtet, alles daran zu setzen, damit der Zweck der Gesellschaft (gemäss Ziff. 2 oben) bestmöglich erreicht wird, soweit das für sie nach Treu und Glauben zumutbar ist. Sie müssen alles unterlassen, was die Interessen der Gesellschaft beeinträchtigt.

37. Die Parteien müssen die Anhänge dieses Vertrags (Statuten, Organisationsreglement, Lizenz- und Dienstleistungsverträge etc.) anpassen, sofern sie der Umsetzung dieses Vertrags entgegenstehen oder dieser nicht optimal dienen.

VII. Dividendenpolitik

38. Die Gesellschaft wird keine Gewinne ausschütten, bis sie Reserven im Umfang von [Zahl]% des Aktienkapitals gebildet hat. Wenn diese Quote erreicht ist, wird die Gesellschaft die Erträge, vorbehältlich der gesetzlichen Bestimmungen über die Bildung von Reserven sowie durchschnittlicher Abschreibungen, als Dividenden ausschütten.

    Variante:
    Unter Berücksichtigung der gesetzlichen Bestimmungen über die Bildung von Reserven und durchschnittlicher Abschreibungen richtet die Gesellschaft möglichst hohe Dividenden an die Parteien aus, sofern ihre Finanzlage dies zulässt und die Entwicklung der Gesellschaft und ein angemessener Selbstfinanzierungsgrad nicht gefährdet werden. Die Gesellschaft soll keine Gewinne horten, die für ihren Betrieb nicht nötig sind.

39. Eine Änderung der Gewinnverteilungspolitik bedarf der Zustimmung beider Parteien.

VIII. Geheimhaltung

40. [1] Die Parteien sind verpflichtet, über alle geheimen Informationen Stillschweigen zu bewahren, die einen Bezug zur Gesellschaft oder zur anderen Partei haben. Sie dürfen diese Informationen nur für die Zwecke der Gesellschaft und nicht für die Verfolgung eigener Interessen verwenden. Geheime Informationen sind namentlich [*evtl. Ergänzung um:* (...) das Bestehen dieses Vertrags, (...)] die Inhalte dieses Vertrags, der Satellitenverträge, der übrigen Anhänge dieses Vertrags und weiterer Verträge zwischen der Gesellschaft und den Parteien sowie alle Geschäfts- und Fabrikationsgeheimnisse, zu denen unter anderem alle Informationen über Kunden und Lieferanten, Geschäftsstrategien und -organisation, das Finanz- und Rechnungswesen, die Forschung und Entwicklung sowie die Produktion gehören.

    [2] Die Geheimhaltungs- und Nichtverwendungspflicht gilt sowohl während der Dauer dieses Vertrags als auch während [fünf (5)] Jahren nach seiner Beendigung. Die Geheimhaltungspflicht gilt nicht bei gesetzlichen Offenlegungspflichten und wenn eine Information ohne Verschulden der offenbarenden Partei öffentlich zugänglich geworden ist.

41. Die Parteien müssen ihren Mitarbeitern und Beratern sowie denjenigen ihrer Konzerngesellschaften gemäss Definition in Ziff. 43 Abs. 2 unten die gleiche Geheimhaltungs- und Nichtverwendungspflicht auferlegen.

IX. Konkurrenz- und Abwerbeverbot

42. Die Parteien haben während der Dauer dieses Vertrags und während eines Jahres nach seiner Beendigung bzw. dem Ausscheiden einer Partei jegliche Konkurrenzierung der Gesellschaft zu unterlassen, durch die der Zweck der Gesellschaft vereitelt oder beeinträchtigt würde, sei es
    – direkt oder
    – durch Gründung eines Unternehmens oder durch Beteiligung an einem Unternehmen, das ganz oder teilweise die gleichen Leistungen erbringt.

43. [1] Den Parteien ist es ferner untersagt, während der Dauer dieses Vertrags und während eines Jahres nach seiner Beendigung bzw. dem Ausscheiden einer Partei Mitarbeiter der Gesellschaft sowie der anderen Partei oder ihrer Konzerngesellschaften abzuwerben oder an Unternehmen gemäss Ziff. 42 oben zu vermitteln.

    [2] Als Konzerngesellschaften einer Partei gelten andere juristische Personen, die eine Partei kontrollieren, von ihr kontrolliert werden oder mit ihr unter gemeinsamer Kontrolle stehen, sei es direkt oder indirekt durch Dazwischenschalten von anderen Gesellschaften. Kontrolle bedeutet eine stimm- oder kapitalmässige Beteiligung von mehr als 50%.

44. Das nachvertragliche Konkurrenz- und Abwerbeverbot endet in jedem Fall mit der Löschung der Gesellschaft im Handelsregister.

X. Sicherung der Vertragserfüllung

45. [1] Verletzt eine Partei wesentliche Pflichten gemäss diesem Vertrag, den Satellitenverträgen oder den übrigen gegenwärtigen und zukünftigen Anhängen zu diesem Vertrag, hat sie der anderen Partei für jede einzelne Verletzungshandlung eine Konventionalstrafe von mindestens CHF [Betrag] zu bezahlen. Dieser Betrag erhöht sich im Verhältnis zur Steigerung des inneren Werts der Aktien der Gesellschaft. Grundlage für diese Berechnung bildet ein angenommener innerer Wert von CHF [Betrag] im Zeitpunkt der Gründung der Gesellschaft. Verdoppelt sich der innere Wert beispielsweise, beträgt die Konventionalstrafe CHF [Betrag].

    [2] Der innere Wert der Aktien wird im Streitfall im Verfahren gemäss Ziff. 73 und 74 unten bestimmt.

    [3] Die Bezahlung der Konventionalstrafe entbindet nicht von der weiteren Einhaltung des Vertrags sowie seiner Anhänge. Schadenersatzforderungen in voller Höhe bleiben vorbehalten.

46. Die Parteien verpflichten sich, alle ihre Aktien der [Firma] gemäss separatem Escrow-Vertrag *(Anhang 16)* blanko indossiert zu übergeben.

Erste Variante bei Wahl der Variante in Ziff. 6 Abs. 2:

Sofern die Gesellschaft Aktien in Form von Wertpapieren oder Zertifikaten ausstellen sollte, sind die Parteien verpflichtet, diese einem Escrow Agent zu übergeben und ihn zu verpflichten, die Aktien nur mit ihrer schriftlichen Zustimmung oder aufgrund eines rechtskräftigen Schiedsspruchs [*bzw. bei Wahl der staatlichen Gerichtsbarkeit gemäss Ziff. 87 unten:* (...) eines rechtskräftigen Urteils (...)] einer Partei oder einem Dritten herauszugeben.

Zweite Variante bei Wahl der Variante in Ziff. 6 Abs 2:

[Kein Escrow-Verhältnis, d.h. Weglassen von Ziff. 46.]

XI. Vertragsdauer

A. *Inkrafttreten*

47. Mit Ausnahme der für die Gründung der Gesellschaft gemäss Ziff. 7 oben einschlägigen Bestimmungen steht dieser Vertrag unter der aufschiebenden Bedingung, dass

   a) alle Satellitenverträge gemäss Ziff. 10 oben rechtsgültig abgeschlossen werden; und

   b) [*bei der Grundvariante und der ersten Variante in Ziff. 46:* der Escrow-Vertrag mit dem Escrow Agent gemäss Ziff. 46 oben rechtsgültig abgeschlossen wird]; und

   c) [*bei der ersten Variante gemäss Ziff. 7:* die Bewilligung gemäss Ziff. 7 oben erteilt wird]; und

   d) [*bei der zweiten Variante gemäss Ziff. 7:* die zuständigen Kartellbehörden gemäss Ziff. 7 oben (a) kein Prüfungsverfahren eröffnen, (b) die Zusammenarbeit genehmigen oder freistellen oder (c) die Zusammenarbeit wegen Fristablaufs nicht untersagen können.]

48. Vorbehältlich von Ziff. 47 oben tritt dieser Vertrag mit Unterzeichnung durch beide Parteien in Kraft.

B. *Ordentliche Vertragsbeendigung*

49. [1] Dieser Vertrag endet, sobald eine Partei gemäss seinen Bestimmungen aus der Gesellschaft ausscheidet oder die Gesellschaft im Handelsregister gelöscht wird. Bei Übertragung des Geschäftsanteils auf eine Konzerngesellschaft einer Partei gemäss Ziff. 80 unten gilt dieser Vertrag mit dieser Konzerngesellschaft weiter.

Variante 1:

¹ Dieser Vertrag wird auf unbestimmte Zeit abgeschlossen. Die Parteien können ihn mit einer Kündigungsfrist von [zwölf (12)] Monaten per Ende eines Kalenderjahrs schriftlich kündigen, erstmals jedoch per 31. Dezember [Jahr]. Die Kündigung bedarf keiner Begründung.

Variante 2:

¹ Dieser Vertrag gilt für eine feste Dauer von [zwanzig (20)] Jahren ab Unterzeichnung. Danach erneuert er sich ohne weiteres jeweils um eine neue Periode von [fünf (5)] Jahren, sofern er nicht von einer Partei unter Einhaltung einer Kündigungsfrist von [zwölf (12)] Monaten auf das Ende der Periode von zwanzig Jahren bzw. der jeweils anwendbaren Periode von fünf Jahren schriftlich gekündigt wird.

Bei allen Varianten sodann:

² Ferner können die Parteien diesen Vertrag mit einer Kündigungsfrist von [sechs (6)] Monaten per Ende eines Kalendermonats schriftlich kündigen, wenn

- a) der Zweck der Gesellschaft vollständig erreicht worden ist,
- b) die Zweckerreichung unmöglich geworden ist oder
- c) es sonst angemessen ist, diesen Vertrag zu beenden, insbesondere wenn für den Zweck der Gesellschaft kein relevanter Markt mehr besteht.

Bei Wahl der Hauptvariante zu Abs. 1 zusätzlich:

³ Im Falle der Beendigung dieses Vertrags aus den in Abs. 2 genannten Gründen wird die Gesellschaft aufgelöst.

Bei den Varianten 1 und 2 zu Abs. 1 zusätzlich:

³ Hinsichtlich der Veräusserung der Aktien ist Ziff. 55 unten massgebend.

C. *Ausserordentliche Vertragsbeendigung*

50. ¹ Die Parteien können diesen Vertrag aus wichtigen Gründen jederzeit schriftlich fristlos kündigen. Ein wichtiger Grund liegt insbesondere dann vor, wenn

- a) die andere Partei eine wesentliche Pflicht aus diesem Vertrag und seinen Anhängen (Satellitenverträge und Gesellschaftsdokumente, inkl. deren Änderungen und zukünftiger Verträge gemäss Ziff. 12 oben) verletzt und diese Vertragsverletzung trotz schriftlicher Abmahnung nicht innerhalb von [zwanzig (20)] Tagen ab Versand der Mahnung beseitigt;

b) in den Eigentums- oder Stimmrechtsverhältnissen oder der Geschäftsführung der anderen Partei eine wesentliche Änderung eintritt, insbesondere wenn diese unter die Kontrolle einer Person oder Unternehmung gerät, die direkt oder indirekt in Konkurrenz zur kündigenden Partei steht;

c) dieser Vertrag im Rahmen einer Fusion, Auf- oder Abspaltung oder Vermögensübertragung gemäss dem Bundesgesetz über Fusion, Spaltung, Umwandlung und Vermögensübertragung (Fusionsgesetz, FusG) auf einen anderen Rechtsträger übergeht; oder

d) über die andere Partei der Konkurs eröffnet oder ihr die Nachlassstundung gewährt wird.

[2] Der kündigenden Partei steht hinsichtlich der Aktien der anderen Partei das Kaufsrecht gemäss Ziff. 56 und 57 unten zu. Bei Nichtausübung dieses Rechts gilt Ziff. 58 unten.

D. *Nachvertragliche Pflichten*

51. Scheidet eine Partei aus der Gesellschaft aus, ist die andere Partei unabhängig vom Ausscheidungsgrund verpflichtet, den auf die ausgeschiedene Partei hinweisenden Firmenbestandteil mittels Statutenänderung so rasch wie möglich aus der Firma der Gesellschaft zu entfernen und ihn weder in der Firma noch sonst weiter zu verwenden.

52. [1] Bestimmungen dieses Vertrags, die ihrer Natur nach die Vertragsbeendigung überdauern sollen, bleiben vollumfänglich in Kraft. Das gilt insbesondere für die Pflichten gemäss Ziff. VIII. und IX. oben (für die dort genannte Dauer) sowie Ziff. 51 oben.

[2] Sofern ein Verkauf von Aktien an einen Dritten erst nach Beendigung dieses Vertrags vollzogen wird, ist insbesondere Ziff. 36 oben zu beachten.

[3] Die Beendigung dieses Vertrags sowie der Kauf oder Verkauf von Aktien der Gesellschaft lässt die [z.B. Lizenzverträge] gemäss *Anhängen* [*8 und 10*] dieses Vertrags unberührt.

XII. Veräusserung von Aktien

A. *Grundsätzliches Veräusserungs- und Verfügungsverbot*

53. [1] Vorbehältlich der Regelungen bei Pattsituationen gemäss Ziff. 35 oben, der ordentlichen und ausserordentlichen Kündigung gemäss Ziff. 55–58 unten oder einer gegenteiligen vorgängigen schriftlichen Vereinbarung zwischen den Parteien (inkl. gemäss Ziff. 76 unten) dürfen die Parteien

ihre Aktien nicht an Dritte veräussern (d.h. verkaufen, ein Kaufsrecht einräumen, verschenken, tauschen oder sonst entgeltlich oder unentgeltlich übertragen).

² Die Einräumung einer Nutzniessung oder die Verpfändung der Aktien ist nur mit der vorgängigen schriftlichen Zustimmung der anderen Partei zulässig.

54. ¹ Im Falle einer Veräusserung von Aktien der Gesellschaft an einen Dritten gemäss dieser Ziff. XII. muss die veräussernde Partei den Käufer verpflichten, diesem Vertrag vorbehaltlos beizutreten und ihn vorgängig zu unterzeichnen, es sei denn, die andere Partei verzichtet schriftlich darauf.

² Bei einer teilweisen Veräusserung von Aktien der Gesellschaft an einen Dritten gemäss Ziff. 59–72 unten haben die Parteien diesen Vertrag mit dem Dritten zudem in guten Treuen an die Mehrparteiensituation anzupassen.

B. *Bei ordentlicher Kündigung*

[Bei Wahl der Hauptvariante der ordentlichen Kündigung (Ziff. 49 Abs. 1 oben) ist dieser Abschnitt B (Ziff. 55) zu streichen.]

55. Bei einer ordentlichen Kündigung im Sinne von Ziff. 49 oben muss die kündigende Partei [*Variante:* (...) muss X (...)] alle Aktien der anderen Partei [*Variante:* (...) von Y (...)] zum inneren Wert kaufen, und die andere Partei muss diese verkaufen [*Variante:* (...) muss die kündigende Partei alle ihre Aktien an die andere Partei zum inneren Wert verkaufen, und die andere Partei muss diese kaufen]. Ein Schiedsgutachter ermittelt den inneren Wert der Aktien unter Anwendung von Ziff. 73 und 74 unten, sofern sich die Parteien nicht innerhalb von [zwanzig (20)] Tagen seit dem Datum des Poststempels der Kündigung einigen können. Sobald der innere Wert bekannt ist, ist der Kauf so rasch wie möglich gemäss Ziff. 75 und 76 unten zu vollziehen.

Variante 1:
Bei einer ordentlichen Kündigung im Sinne von Ziff. 49 oben einigen sich die Parteien innerhalb von [dreissig (30)] Tagen ab Datum des Poststempels der Kündigung darüber, welche Partei alle Aktien der anderen Partei übernimmt. Können sich die Parteien nicht einigen, wer ein Aktienpaket kaufen soll und zu welchem Preis, ist das Verfahren gemäss Ziff. 35 oben analog anwendbar. In Abänderung jener Bestimmung kann jede Partei dieses Verfahren innerhalb von [zwanzig (20)] Tagen ab Ablauf obiger Frist einleiten]. *[Falls Ziff. 35 nicht anwendbar ist (vgl. Ziff. 34, Varianten 1 und 2, ist entweder eines der dort genannten Verfahren hier zu nennen oder die Variante 2 zu dieser Ziff. 55 zu wählen.]*

Variante 2:

Bei einer ordentlichen Kündigung im Sinne von Ziff. 49 oben einigen sich die Parteien innerhalb von [dreissig (30)] Tagen ab Datums des Poststempels der Kündigung darüber, welche Partei alle Aktien der anderen Partei übernimmt. Können sich die Parteien nicht einigen, wer ein Aktienpaket kaufen soll und zu welchem Preis, beauftragen sie einen Dritten mit dem Verkauf aller Aktien der Gesellschaft zum bestmöglichen Preis an eine Partei oder eine andere Person. Können sich die Parteien innerhalb von [zwanzig (20)] Tagen nach Ablauf obiger Frist nicht einigen, bestimmt der Präsident der Handelskammer [Zürich] diesen Dritten. Der Dritte ist bei der Wahl des Verkaufsverfahrens frei. Die Kosten des gesamten Verfahrens tragen die Parteien je zur Hälfte. Kann innerhalb von [Anzahl] Monaten seit dem Datum des Poststempels der Kündigung kein Käufer gefunden werden, vereinbaren die Parteien die Auflösung und Liquidation der Gesellschaft durch gemeinsamen, öffentlich zu beurkundenden Generalversammlungsbeschluss. Verweigert die andere Partei ihre Mitwirkung, stellt dies einen wichtigen Grund im Sinne von Art. 736 Ziff. 4 OR dar.

C. *Bei ausserordentlicher Kündigung*

56. Bei einer ausserordentlichen Kündigung im Sinne von Ziff. 50 oben steht der kündigenden Partei ein Kaufrecht an allen Aktien der anderen Partei zu. Das Kaufrecht ist von der kündigenden Partei innert [dreissig (30)] Tagen ab Datum des Poststempels der Kündigung schriftlich auszuüben.

57. [1] Der Kaufpreis für die Aktien der anderen Partei entspricht mit Ausnahme des folgenden Absatzes dem inneren Wert der Aktie mit einem Abschlag von [Zahl] Prozent. Ein Schiedsgutachter ermittelt den inneren Wert der Aktien unter Anwendung von Ziff. 73 und 74 unten.

    [2] Bei einer fristlosen Kündigung aus den in Ziff. 50 Abs. 1 lit. d oben genannten Gründen entspricht der Kaufpreis für die Aktien ihrem inneren Wert.

    [3] Sobald der innere Wert bekannt ist, ist der Kauf so rasch wie möglich gemäss Ziff. 75 und 76 unten zu vollziehen.

58. Übt die kündigende Partei ihr Kaufrecht nicht aus, beauftragen die Parteien einen Dritten mit dem Verkauf der Aktien der anderen Parteien zum bestmöglichen Preis an eine Drittperson. Können sich die Parteien nicht innerhalb von [zwanzig (20)] Tagen nach Ablauf der Frist gemäss Ziff. 56 oben einigen, bestimmt der Präsident der Handelskammer [Zürich] diesen Dritten. Der Dritte ist bei der Wahl des Verkaufsverfahrens frei. Die Kosten des gesamten Verfahrens tragen die Parteien je zur Hälfte.

Variante:

Übt die kündigende Partei ihr Kaufsrecht nicht aus, vereinbaren die Parteien die Auflösung und Liquidation der Gesellschaft durch gemeinsamen Generalversammlungsbeschluss. Verweigert die andere Partei ihre Mitwirkung, so stellt dies einen wichtigen Grund im Sinne von Art. 736 Ziff. 4 OR dar.

D. *Teilweise Veräusserung von Aktien*

a. *Allgemeine Bestimmungen*

59. Jede Partei kann nach Ablauf von [zehn (10)] Jahren seit Eintragung der Gesellschaft im Handelsregister und unter Einhaltung der Bestimmungen von Ziff. 61–72 unten maximal [50]% der Aktien der Gesellschaft einer Partei (entsprechend [25]% aller Aktien der Gesellschaft) i.S.v. Ziff. 53 Abs. 1 oben veräussern.

60. Die veräusserungswillige, veräussernde bzw. kaufrechtsbelastete Partei wird nachfolgend «Verpflichtete» genannt und die andere Partei «Berechtigte».

b. *Vorhandrecht*

61. Im Rahmen von Ziff. 59 oben räumen sich die Parteien gegenseitig ein Vorhandrecht an den in ihrem Eigentum stehenden Aktien der Gesellschaft zum inneren Wert ein.

62. Beabsichtigt die Verpflichtete, alle oder einen Teil ihrer gemäss Ziff. 59 oben veräusserbaren Aktien zu veräussern (gemäss Definition in Ziff. 53 oben), muss sie die entsprechende Anzahl Aktien vorab der Berechtigten zum inneren Wert schriftlich zum Kauf anbieten. Diese Anzeige hat alle für die Ausübung des Vorhandrechts wesentlichen Tatsachen zu enthalten, insbesondere die Art des Vorhandfalls (vgl. Ziff. 53 oben), den Namen des potenziellen Erwerbers, die entsprechende Anzahl Aktien und den geforderten inneren Wert.

63. Die Berechtigte hat innert [dreissig (30)] Tagen ab Erhalt der Offerte schriftlich zu erklären, ob und in welchem Umfang sie von ihrem Vorhandrecht Gebrauch machen will. Überdies muss sie ihre Kaufpreisvorstellung mitteilen. Übt sie ihr Vorhandrecht nicht rechtzeitig aus, gilt dies als Verzicht auf dessen Ausübung. [*Variante (Ergänzung um folgenden Satz) und Streichung von «und in welchem Umfang» in Satz 1:* Eine Teilannahme muss die Verpflichtete nicht akzeptieren.]

64. Können sich die Parteien über den inneren Wert der Aktien innert [fünfzehn (15)] Tagen ab Datum des Poststempels der Ausübungserklärung nicht einigen, wird er im Verfahren gemäss Ziff. 73 und 74 unten bestimmt.

65. Übt die Berechtigte ihr Vorhandrecht aus, ist der Kauf innerhalb von [dreissig (30)] Tagen nach Bekanntgabe des inneren Werts der Aktien durch den Schiedsgutachter (Poststempel der Mitteilung) gemäss Ziff. 73 unten anteilsmässig entsprechend ihrer Ausübungserklärung gemäss Ziff. 75 und 76 unten zu vollziehen.

66. [1] Übt die Berechtigte ihr Vorhandrecht nicht oder nicht hinsichtlich aller angebotenen Aktien aus [*bei Wahl der Variante in Ziff. 63:* Übt die Berechtigte ihr Vorhandrecht nicht aus (...)], kann die Verpflichtete unter Vorbehalt des Vorkaufsrechts gemäss Ziff. 67–72 unten innert [drei (3)] Monaten ab Datum der Bekanntgabe des inneren Werts der Aktien durch den Schiedsgutachter gemäss Ziff. 73 unten (Poststempel der Mitteilung) ihre Aktien an den von ihr angezeigten Erwerber [*Variante:* (...) an beliebige Dritte zu (...)] veräussern.

[2] Nach Ablauf dieser Frist sind Ziff. 61–66 erneut anwendbar.

c. *Vorkaufsrecht*

67. Will die Verpflichtete alle oder einen Teil ihrer gemäss Ziff. 59 oben veräusserbaren Aktien an einen Dritten i.S.v. Ziff. 53 oben veräussern, nachdem die Berechtigte ihr Vorhandrecht nicht ausgeübt hat, so steht der Berechtigten ein Vorkaufsrecht zu.

68. Hat die Verpflichtete über den veräusserbaren Teil ihrer Aktien einen Kaufvertrag abgeschlossen, so teilt sie dies der Berechtigten sofort und unter Angabe des Käufers, des Kaufpreises, der Zahlungsmodalitäten und anderer wesentlicher Vertragsbedingungen schriftlich mit. Die Verpflichtete muss den Kaufvertrag mit dem Dritten unter der Suspensivbedingung abschliessen, dass die Berechtigte ihr Vorkaufsrecht nicht ausübt.

69. Die Berechtigte hat der Verpflichteten innert [zehn (10)] Tagen nach Erhalt der Verkaufsanzeige schriftlich mitzuteilen, ob und in welchem Umfang sie vom Vorkaufsrecht Gebrauch macht. Übt sie ihr Vorkaufsrecht nicht rechtzeitig aus, gilt dies als Verzicht auf dessen Ausübung. [*Variante (Ergänzung um folgenden Satz und Streichung von «und in welchem Umfang» in Satz 1):* Eine Teilannahme muss die Verpflichtete nicht akzeptieren.]

70. Als Kaufpreis gilt entweder der Kaufpreis gemäss Kaufvertrag oder der gemäss Ziff. 64 oben ermittelte innere Wert je nachdem, welcher Wert der tiefere ist. Ist der innere Wert der Aktien noch nicht ermittelt worden oder

liegt seine Festsetzung mehr als [sechs (6)] Monate zurück, ist er unter Anwendung von Ziff. 73 und 74 unten zu ermitteln.

71. Übt die Berechtigte ihr Vorkaufsrecht aus, ist der Kauf gemäss Ziff. 75 und 76 unten zu vollziehen.

72. ¹ Übt die Berechtigte ihr Vorkaufsrecht nicht oder nicht hinsichtlich aller angebotenen Aktien [*bei Wahl der Variante in Ziff. 69:* Übt die Berechtigte ihr Vorkaufsrecht nicht (...)] aus, so fällt das Vorkaufsrecht dahin, und die Aktien sind dem angezeigten Dritten zu den in Ziff. 68 oben genannten Bedingungen innert [vier (4)] Monaten ab Datum des Poststempels der Geltendmachung des Vorkaufsrechts gemäss Ziff. 69 oben bzw., im Fall von Ziff. 70 zweiter Satz oben, innert [drei (3)] Monaten ab Datum der Mitteilung des Schiedsgutachters veräusserbar.

² Nach Ablauf dieser Frist sind Ziff. 67–72 erneut anwendbar.

E. *Bestimmung des inneren Werts*

73. ¹ Wo in diesem Vertrag vorgesehen, wird der innere Wert der Aktien durch eine neutrale national anerkannte Treuhandgesellschaft (nachfolgend «Schiedsgutachterin») für die Parteien verbindlich und endgültig festgelegt. Können sich die Parteien nicht innerhalb von [drei (3)] Arbeitstagen auf eine Schiedsgutachterin einigen, wird sie vom Präsidenten der [Zürcher] Handelskammer bestimmt.

² Die Festsetzung des inneren Werts erfolgt nach den anerkannten Grundsätzen der Bewertung von Unternehmen in der Branche, in der die Gesellschaft tätig ist.

³ Die Schiedsgutachterin amtet als Schiedsgutachterin im Sinne von Art. 189 der schweizerischen Zivilprozessordnung. Sie bestimmt die Verfahrensregeln nach eigenem freiem Ermessen unter Berücksichtigung zwingender Verfahrensgrundsätze des schweizerischen Rechts. Bevor sie den inneren Wert der Aktien definitiv festlegt, unterbreitet sie ihren Bewertungsvorschlag den Parteien mit allen Beilagen, inklusive Bewertungsgrundlagen, zu einer einmaligen schriftlichen Stellungnahme unter Ansetzung einer Frist von [zehn (10)] Tagen.

74. Die voraussichtlichen Kosten der Ermittlung des inneren Werts der Aktien durch die Schiedsgutachterin sind von den Parteien auf Anordnung der Schiedsgutachterin je zur Hälfte vorzuschiessen. Die definitiven Kosten der Schiedsgutachterin tragen die Parteien je zur Hälfte. Hat sich eine Partei geweigert, ihren Teil des Kostenvorschusses zu bezahlen, steht der anderen Partei unter Berücksichtigung der definitiven Kosten des Schiedsgut-

achtens eine Forderung in entsprechender Höhe gegen die widerspenstige Partei zu.

F. *Vollzug des Kaufvertrags*

Variante 1 (falls die Aktien gemäss Ziff. 46 bei einem Escrow Agent hinterlegt worden sind):

75. ¹ Die Parteien informieren den Escrow Agent gemäss Escrow-Vertrag in *Anhang 16* rechtzeitig über den vereinbarten Vollzugstag.

² Die Käuferin überweist den Kaufpreis sowie ihren Anteil des Honorars des Escrow Agent bis spätestens [zehn (10)] Tage vor dem vereinbarten Vollzugstag auf ein vom Escrow Agent bezeichnetes Bankkonto.

³ Sofern die Verkäuferin vom Escrow Agent die schriftliche Bestätigung über den Eingang der Beträge gemäss Ziff. 75 Abs. 2 oben erhalten hat, ist der Kauf am vereinbarten Vollzugstag in den Räumen der Gesellschaft wie folgt zu vollziehen:

⁴ Zug um Zug gegen Erhalt

– des von der Verkäuferin unterzeichneten Kaufvertrags gemäss Vorlage in *Anhang 15,*

– der von der Verkäuferin unterzeichneten Zustimmungserklärung zur Herausgabe ihrer Aktien an die Käuferin gemäss Beilage 1 zum Escrow-Vertrag *(Anhang 16),*

– des von den Verwaltungsräten der Verkäuferin unterzeichneten Beschlusses des Verwaltungsrats der Gesellschaft, in dem die Übertragung der Namenaktien genehmigt und der Eintrag der Käuferin als Eigentümerin dieser Aktien in das Aktienbuch der Gesellschaft beschlossen wird, inklusive des nachgeführten Aktienbuchs, und

– der Rücktrittsschreiben der Vertreter der Verkäuferin im Verwaltungsrat der Gesellschaft (bei vollständigem Ausscheiden einer Partei)

übergibt die Käuferin der Verkäuferin

– den von der Käuferin unterzeichneten Kaufvertrag gemäss Vorlage in *Anhang 15* und

– die von ihr unterzeichnete Erklärung gemäss Vorlage in Beilage 2 zum Escrow-Vertrag *(Anhang 16)* an den Escrow Agent, wonach dieser den Kaufpreis an die Verkäuferin überweisen soll.

Variante 2 (falls die Aktien aufgrund von Ziff. 6 Abs. 2 nicht verurkundet [nachfolgend «Variante A»] oder die Namenaktien zwar als Aktientitel oder Zertifikate bestehen, aber nicht bei einem Escrow Agent hinterlegt worden sind, d.h. auf Ziff. 46 verzichtet wird [nachfolgend «Variante B»]):

75. [1] Der Kauf ist am vereinbarten Vollzugstag in den Räumen der Gesellschaft wie folgt zu vollziehen:

[2] Zug um Zug gegen Erhalt

Variante A:
- ihres Exemplars des unterzeichneten Kauf- und Abtretungsvertrags gemäss Vorlage in *Anhang 15* von der Verkäuferin,

Variante B:
- des von der Verkäuferin unterzeichneten Kaufvertrags gemäss Vorlage in *Anhang 15,*
- aller blanko indossierten Namenaktien [*bei Aktienzertifikaten:* des blanko indossierten Aktienzertifikats über alle Namenaktien (...)] der Verkäuferin mit kompletter Indossamentenkette,

Für beide Varianten sodann:
- des Beschlusses des Verwaltungsrats der Gesellschaft, wonach die Übertragung der Namenaktien genehmigt und der Eintrag der Käuferin als Eigentümerin dieser Aktien in das Aktienbuch der Gesellschaft beschlossen wird, inklusive des nachgeführten Aktienbuchs, und
- der Rücktrittsschreiben der Vertreter der Verkäuferin im Verwaltungsrat der Gesellschaft (bei vollständigem Ausscheiden einer Partei)

übergibt die Käuferin der Verkäuferin eine Bankgarantie einer erstklassigen Bank, in der sich diese unwiderruflich verpflichtet, der Verkäuferin auf deren erste Aufforderung hin, ungeachtet der Gültigkeit und der Rechtswirkungen des Kaufvertrags und unter Verzicht auf alle Einwendungen und Einreden aus jenem Vertrag, den Kaufpreis zu bezahlen.

XIII. Aufnahme zusätzlicher Partner

76. Vorbehältlich des Eintritts einer neuen Partei gemäss Ziff. XII. oben setzt die Aufnahme zusätzlicher Parteien in diesen Joint-Venture-Vertrag das vorgängige schriftliche Einverständnis beider Parteien voraus. Die an solche neue Partner zu übertragenden Aktien werden von den Parteien im Verhältnis ihres bisherigen Aktienbesitzes oder mittels Aktienkapitalerhöhung gestellt. Die Vorhand- und Vorkaufsrechte gemäss Ziff. XII. oben sind nicht

anwendbar. Auf das den Parteien bei einer Kapitalerhöhung zustehende Bezugsrecht verzichten sie hiermit ausdrücklich.

XIV. Allgemeine Bestimmungen

77. Die Gründungsdokumente sowie die aktuellen und zukünftigen Satellitenverträge (vgl. Ziff. 5, 10 und 12 oben) bilden integrierende Bestandteile dieses Vertrags.

78. Dieser Vertrag gilt für alle derzeitigen und künftigen Aktien der Gesellschaft.

79. [1] Dieser Vertrag und seine Anhänge enthalten die gesamte Vereinbarung zwischen den Parteien.

    [2] Änderungen und die Aufhebung dieses Vertrags bedürfen der Schriftform und Unterzeichnung durch beide Parteien. Dies gilt insbesondere auch für diese Schriftformklausel.

    [3] Hinsichtlich der Anhänge gilt Folgendes:

    a) Änderungen und die Aufhebung der Satellitenverträge bedürfen jeweils der vorgängigen schriftlichen Zustimmung der nicht beteiligten Gesellschafterin.

    b) Die Statuten, das Organisationsreglement und andere Gesellschaftsdokumente werden vom zuständigen Organ unter Einhaltung der Bestimmungen dieses Vertrags nach Massgabe der einschlägigen Quoren und gesetzlichen Formvorschriften geändert oder ersetzt. Mit der gültig zustande gekommenen Genehmigung anerkennen die Parteien diese Gesellschaftsdokumente in der neuen Fassung als verbindlich und als neue Anhänge dieses Vertrags.

80. [1] Die Übertragung dieses Vertrags oder einzelner Rechte und Pflichten auf Dritte bedarf der vorgängigen schriftlichen Zustimmung der anderen Partei, die bei Übertragung auf eine Konzerngesellschaft (gemäss Definition in Ziff. 43 Abs. 2 oben) nur aus wichtigen Gründen verweigert werden darf.

    [2] Bei Übertragungen auf eine Konzerngesellschaft sind die Bestimmungen in Ziff. XII. oben nicht anwendbar.

81. Bei Widersprüchen zwischen diesem Vertrag und seinen gegenwärtigen und zukünftigen Anhängen gehen im Verhältnis der Parteien untereinander die Bestimmungen des vorliegenden Vertrags vor. Falls nötig sind die Parteien verpflichtet, alle notwendigen Schritte zu unternehmen, um die Anhänge an diesen Vertrag anzupassen.

82. Sollten eine oder mehrere Bestimmungen dieses Vertrags ganz oder teilweise unwirksam, ungültig oder nicht durchsetzbar sein oder während der Dauer dieses Vertrags werden, so wird dadurch die Gültigkeit des Vertrags und der übrigen Bestimmungen des Vertrags nicht berührt. Die Vertragsparteien werden eine solche Bestimmung unverzüglich durch eine zulässige wirksame Bestimmung ersetzen, deren Inhalt der ursprünglichen Absicht am nächsten kommt.

83. Dieser Vertrag ermächtigt keine Partei, für die andere Partei oder für beide Parteien gemeinsam rechtsverbindliche Erklärungen abzugeben oder sie sonst zu verpflichten.

84. Die in diesem Vertrag vorgesehenen schriftlichen Mitteilungen haben, soweit nicht ausdrücklich anders geregelt, mit eingeschriebenem Brief an folgende Adressen zu erfolgen:

    – X: z.Hd. [Leiter Rechtsdienst],
      [Adresse];
      Fax: [...];
      E-Mail: [...].
    – Y: z.Hd. [Chief Executive Officer],
      [Adresse];
      Fax: [...];
      E-Mail: [...].

85. [1] Das Ausbleiben einer Abmahnung stellt keinen Verzicht auf die betroffene Leistungs- bzw. Unterlassungspflicht der säumigen Partei dar und beeinträchtigt in keiner Weise das Recht, auf einer vertragskonformen Erfüllung zu beharren.

    [2] Ein solcher Verzicht bedarf der Schriftform.

XV. Anwendbares Recht und Schiedsverfahren
[Variante: (...) Gerichtsstand]

86. Anwendbar ist schweizerisches Recht.

    Variante bei internationalem Sachverhalt und Gerichtsstand im Ausland:
    Anwendbar ist schweizerisches Recht unter Ausschluss der internationalprivatrechtlichen Kollisionsnormen.

87. Streitigkeiten, Meinungsverschiedenheiten oder Ansprüche aus oder im Zusammenhang mit diesem Vertrag, einschliesslich dessen Gültigkeit, Ungültigkeit, Verletzung oder Auflösung, sind durch ein Schiedsverfahren ge-

mäss der Internationalen Schiedsordnung der Schweizerischen Handelskammern und folgender Bestimmungen zu entscheiden:
- Es gilt die zur Zeit der Zustellung der Einleitungsanzeige in Kraft stehende Fassung der Schiedsordnung.
- Das Schiedsgericht besteht aus [einem oder drei] Schiedsrichter[n].
- Der Sitz des Schiedsgerichts befindet sich in [Ort].
- Die Verfahrenssprache ist [Deutsch].

Variante:
Gerichtsstand ist [Ort in der Schweiz].

[Ort], [Datum]   [Ort], [Datum]

X AG   **Y AG**

[Unterschriften]   [Unterschriften]

Anhänge:
- Anhang 1: Businessplan
- Anhang 2: Statuten
- Anhang 3: Gründungsurkunde
- Anhang 4: Sacheinlagevertrag, inkl. Inventarliste, Gründungsbericht und Prüfungsbestätigungsentwurf betr. X
- Anhang 5: Sacheinlagevertrag, inkl. Inventarliste, Gründungsbericht und Prüfungsbestätigungsentwurf betr. Y
- Anhang 6a: Wahlannahmeerklärungen (Verwaltungsrat und Revisionsstelle)
- Anhang 6b: Verwaltungsratsbeschluss betr. Konstituierung und Zeichnungsberechtigung
- Anhang 6c: Stampa- und Lex-Friedrich-Erklärung
- Anhang 6d: Handelsregisteranmeldung
- Anhang 7: Organisationsreglement
- Anhang 8: Lizenzvertrag betr. X

- Anhang 9:   Dienstleistungsvertrag betr. X
- Anhang 10: Lizenzvertrag betr. Y
- Anhang 11: Dienstleistungsvertrag betr. Y
- Anhang 12: Liefervertrag
- Anhang 13: Darlehensvertrag betr. X
- Anhang 14: Darlehensvertrag betr. Y
- Anhang 15: Vorlage Aktienkaufvertrag
- Anhang 16: Escrow-Vertrag

3. Kommentierung

Joint-Venture-Vertrag

zwischen

[Firma] AG, [Adresse]　　　　　　　　　　(nachfolgend «X»)

und

[Firma] AG, [Adresse]　　　　　　　　　　(nachfolgend «Y»)

0-1　Es ist grundsätzlich davon abzuraten, die (sich in Gründung befindliche) *Joint-Venture-Gesellschaft* die Grundvereinbarung mitunterzeichnen zu lassen. Denn wird sie Vertragspartei, stellen sich viele Auslegungs- und Abgrenzungsfragen (Tschäni, M&A, 7. Kap. Rz 17 ff.; Oertle, S. 61 f.). Das ist auch nicht nötig (siehe auch BSK-OR-II-Amstutz/Schluep, Einl. vor Art. 184 ff. N 434): Die Joint-Venture-Gesellschaft sollte nur dort Vertragspartei sein, wo es auch Sinn macht, nämlich bei den Satellitenverträgen (wie z.B. Lizenzverträgen zwischen ihr und einem Gründer).

Präambel

[1] X ist im Bereich [Beschreibung] tätig und verfügt u.a. über [Know-how, Immaterialgüterrechte, Vermögenswerte etc., die für das Gemeinschaftsunternehmen wichtig sind].

[2] Y ist im Bereich [Beschreibung] tätig und verfügt u.a. über [Know-how etc.].

[3] Die Parteien beabsichtigen, ein Gemeinschaftsunternehmen mit Sitz in [Ort in der Schweiz] für den in Ziff. 2 dieses Vertrags definierten Zweck zu gründen und zu betreiben.

[4] Am Gemeinschaftsunternehmen in der Form einer Aktiengesellschaft sollen die Parteien je zur Hälfte beteiligt sein.

Die Parteien vereinbaren deshalb was folgt:

0-2　Eine Präambel ist nicht erforderlich, kann aber später wichtige Informationen für die Auslegung des komplexen Joint-Venture-Vertrags und seiner Anhänge geben (allgemein zur Präambel siehe Marchand, S. 95 ff.; Schumacher, Rz 1487 ff.). Hilfreich ist sie namentlich für Personen, die bei der Gründung des Joint Ventures nicht involviert waren, seien dies Mitarbeiter der Gründer, Kaderangestellte der Joint-Venture-Gesellschaft oder ein Richter. Es empfiehlt sich, in der Präambel u.a. die Parteien und deren Tätigkeitsgebiete, ihre Situation vor Errichtung des Joint Ventures, die Gründe, die zur Errichtung des Joint Ventures geführt haben und die zukünftige Positionierung des Joint Ventures zu umreissen (SCHULTE/POHL, Rz 86). Die Präambel sollte den Parteien aber keinesfalls Verpflichtungen auferlegen; das ist ausschliesslich dem Hauptteil des Vertrags vorbehalten.

0-3 Da die Präambel bei der Auslegung unklarer Bestimmungen zu Hilfe gezogen werden kann, muss sie genauso sorgfältig formuliert werden wie der Rest des Vertrags; denn eine schlecht redigierte Präambel kann im schlimmsten Fall sogar die Geschäftsgrundlage in Frage stellen und unter Umständen zur Ungültigkeit der Grundvereinbarung führen (Art. 24 Abs. 1 Ziff. 4 i.V.m. Art. 23 OR). Für eine ausführlichere Präambel vgl. etwa LANGEFELD-WIRTH, S. 184.

I. Gründung

1. Die Parteien werden unter der Firma [Firma] ein Gemeinschaftsunternehmen in der Rechtsform einer Aktiengesellschaft nach Art. 620 ff. des schweizerischen Obligationenrechts mit Sitz in [Ort] und mit einem Aktienkapital von CHF [Betrag], eingeteilt in [Anzahl] Namenaktien mit einem Nennwert von je CHF [Betrag], gründen (nachfolgend «Gesellschaft»).

1-1 Das Aktienkapital einer schweizerischen Aktiengesellschaft muss mindestens CHF 100 000 und der Nennwert mindestens einen Rappen betragen (Art. 621 und Art. 622 Abs. 4 OR). Bei Joint Ventures stehen *Namenaktien* im Vordergrund, weil sie im Gegensatz zu Inhaberaktien *vinkuliert* werden können (Art. 685a ff. OR). Dadurch kann die Übertragung der Aktien von der Zustimmung des Verwaltungsrats abhängig gemacht werden (Art. 716 Abs. 1 OR; BÖCKLI, Aktienrecht, § 6 Rz 31), sofern die Statuten einen wichtigen Grund für die Ablehnung nennen (Art. 685b Abs. 1 OR), und so verhindert werden, dass eine Partei ihre Aktien heimlich verkauft und an einen Dritten überträgt (TSCHÄNI, M&A, 7. Kap. Rz 73). Als wichtige Gründe gelten Bestimmungen über die Zusammensetzung des Aktionärskreises, die im Hinblick auf

– den Gesellschaftszweck oder
– die wirtschaftliche Selbständigkeit des Unternehmens

die Verweigerung rechtfertigen (Art. 685b Abs. 2 OR; für Musterklauseln, inkl. Kommentierungen, siehe TSCHÄNI, Vinkulierung).

1-2 Die Gründer können in die Statuten insbesondere folgende Vinkulierungsgründe aufnehmen:

- Mit einer *Konkurrenzklausel* kann die Übertragung der Aktien dann verhindert werden, wenn der Erwerber ein konkurrierendes Unternehmen betreibt. Eine Konkurrenzklausel könnte etwa wie folgt lauten: «Als wichtige Gründe gelten das Fernhalten von Erwerbern, die ein zum Gesellschaftszweck in Konkurrenz stehendes Unternehmen betreiben, daran beteiligt sind oder dort angestellt sind; (...)» (ZINDEL ET AL., S. 17; TSCHÄNI, Vinkulierung, S. 18).

- Auch eine *Quotenklausel* wie die nachstehende kann in Betracht gezogen werden (vgl. TSCHÄNI, Vinkulierung, S. 21 f.): «Als wichtige Gründe gelten, das Halten von mehr als fünf Prozent des im Handelsregister eingetragenen Namenaktienkapitals infolge Aktienübertragung durch natürliche oder juristische Personen oder Personengesellschaften (...).» Gerade bei 50:50-Joint Ventures können mit dieser Klausel Aktienübertragungen wirksam unterbunden werden, die in Umgehung der grundvertraglichen Bestimmungen zustande gekommen sind (TSCHÄNI, M&A, 7. Kap. Rz 76).

- Einen spezifisch auf Joint Ventures zugeschnittenen Vinkulierungsgrund, der die Unabhängigkeit des Joint Ventures bewahren soll, hat TSCHÄNI formuliert (sog. *Joint-Venture-Klausel*): «Als wichtige Gründe gelten: (...) die Bewahrung der Gesellschaft als eigenes Joint-Venture-Unternehmen unter stimmenmässiger Kontrolle von X und Y; (...).» Diese von der Lehre noch nicht behandelte Klausel soll vor allem dann zulässig sein, wenn der statutarische Zweck so formuliert ist, «dass die Gesellschaft als Joint-Venture-Gesellschaft im Interesse der Gründer betrieben wird» (TSCHÄNI, M&A, 7. Kap. Rz 77).

- Zu empfehlen ist auch die Aufnahme einer *Escapeklausel* (Verweigerung der Übertragung gegen Übernahme zum wirklichen Wert) und einer *Fiduzklausel* (Verweigerung der Übertragung bei Erwerb im Namen oder im Interesse Dritter), auch wenn beide von Gesetzes wegen gelten (Art. 685b Abs. 1 und 3; für Musterklauseln siehe TSCHÄNI, Vinkulierung, S. 27 ff. bzw. 30 f.).

1-3 Grundsätzlich unzulässig sind Vinkulierungsklauseln, nach denen die Übertragung nur dann genehmigt wird, wenn sie unter Einhaltung der Bestimmungen in der Grundvereinbarung erfolgt ist oder wenn der Erwerber der Grundvereinbarung beitritt. Ausnahmsweise kann eine solche Klausel rechtmässig sein, sofern die einschlägigen Bestimmungen der Grundvereinbarung auch in den Statuten enthalten und so für Dritte zugänglich

3. Kommentierung

sind und wenn die Abmachungen wichtige Gründe im Sinne von Art. 685b Abs. 2 OR darstellen (Tschäni, M&A, 7. Kap. Rz 78).

1-4 Gemäss Tschäni hat sich eine detaillierte Vinkulierungsordnung bei Joint Ventures in der Praxis nicht durchgesetzt. Seit Inkrafttreten der Aktienrechtsreform von 1992 fänden sich in Joint-Venture-Verträgen lediglich allgemein die Vinkulierung in Verbindung mit einer einfachen Escape- und teilweise einer Konkurrenzklausel. Dies wohl insbesondere deshalb, weil bei Pattsituationen ein die Zustimmung verweigernder Verwaltungsratsbeschluss kaum zustande kommen dürfte. Die Mechanismen des Aktienverkaufs und der Übertragung würden daher nur vertraglich und ohne gesellschaftsrechtliche Verankerung geregelt (Tschäni, M&A, 7. Kap. Rz 82 f.).

1-5 Es ist an dieser Stelle darauf hinzuweisen, dass die *Vinkulierungsordnung der GmbH* derjenigen der AG überlegen ist, weil bei der GmbH die ganze Palette von Gestaltungsmöglichkeiten, inklusive Vorhand-, Vorkaufs- und Kaufsrecht sowie Mitveräusserungsrecht und -pflicht, zur Verfügung steht (Art. 785 ff. OR; vgl. dazu Brechbühl/Emch, S. 276 ff.).

2. Die Gesellschaft bezweckt die Entwicklung, die Herstellung, den Vertrieb und die Vermarktung von [Produkte] in [Länder] in Übereinstimmung mit dem Businessplan in *Anhang 1* und den Bestimmungen dieses Vertrags und seiner anderen Anhänge (nachfolgend «Zweck»). Der Businessplan wird von der Geschäftsleitung der Gesellschaft von Zeit zu Zeit aufdatiert. Diese Änderungen sind vom Verwaltungsrat der Gesellschaft zu genehmigen.

2-1 Der Zweckartikel ist im Hinblick auf das Konkurrenzverbot sorgfältig zu formulieren (siehe Kommentar zu Ziff. 42).

2-2 Anstatt diese Zweckklausel in den *Statuten* zu spiegeln, ist es vorteilhafter, dort als Gesellschaftszweck folgende Formulierung zu wählen: «Die Gesellschaft ist ein Gemeinschaftsunternehmen (Joint Venture) und bezweckt die Verfolgung des Joint-Venture-Geschäfts, wie von den Gründern definiert.» Soweit ersichtlich hat Tschäni diese dynamische Verweisung erstmals vorgeschlagen, um potenzielle Interessenkonflikte der Verwaltungsräte der Joint-Venture-Gesellschaft zu entschärfen, die sowohl die Interessen der Joint-Venture-Gesellschaft als auch diejenigen des entsendenden Gründers wahrnehmen müssen (vgl. dazu Tschäni, M&A, 7. Kap. Rz 24 ff., 28, und die Kommentierung in Rz 29-2 unten).

2-3 Im *Businessplan* werden die Strategie und die Ziele des Joint Ventures dargestellt. Zudem beleuchtet er alle betriebswirtschaftlichen und finanziellen Aspekte der Gesellschaft. Um die Grundvereinbarung möglichst schlank zu halten, ist der Businessplan der Grundvereinbarung als separates Dokument anzuhängen. Der Businessplan ist von der Geschäftsleitung regelmässig den neuen Gegebenheiten anzupassen und vom Verwaltungsrat nach Massgabe des Organisationsreglements zu genehmigen. Mit dessen Genehmigung anerkennen die Parteien den neuen Businessplan als massgebend an (vgl. Ziff. 79 Abs. 3 lit. b).

3. Die Geschäftsräume der Gesellschaft befinden sich in der Liegenschaft der Gesellschaft an der [Adresse].

3-1 Es wird vorliegend davon ausgegangen, dass die Joint-Venture-Gesellschaft über eigene Geschäftsräume verfügt. Einer *Domizilannahmeerklärung* bedarf es deshalb für die Gründung nicht (vgl. Ziff. 5).

4. Die Parteien sind an der Gesellschaft je zur Hälfte beteiligt. Dieses Beteiligungsverhältnis wird auch bei künftigen Kapitalerhöhungen/-herabsetzungen beibehalten.

4-1 Diese Klausel bestimmt, dass es sich um ein paritätisches Zweiparteien-Joint-Venture handelt. Wenngleich die Parteien in der Generalversammlung und im Verwaltungsrat über gleich viele Stimmen verfügen, so wird hier als weitere Sicherheitsmassnahme dennoch statuiert, dass die Beteiligungsstruktur auch bei Kapitalerhöhungen und -herabsetzungen beizubehalten ist. Zu den Möglichkeiten des Schutzes vor Verwässerungen bei Kapitalerhöhungen (Verpflichtung des kapitalkräftigeren Partners zur Darlehensgewährung oder Ausgabe von Stimmrechtsaktien) siehe BÖSIGER, S. 3 f.

5. ¹ Die Parteien haben sich auf folgende diesem Vertrag beiliegenden Gründungsdokumente der Gesellschaft geeinigt:

a) Statuten *(Anhang 2)*;

b) Gründungsurkunde *(Anhang 3)*;

c) Sacheinlageverträge, inkl. Inventarlisten, Gründungsbericht und Entwurf der Prüfungsbestätigung, zwischen der Gesellschaft und X *(Anhang 4)* bzw. Y *(Anhang 5)*;

d) Wahlannahmeerklärungen der Verwaltungsräte und der Revisionsstelle *(Anhang 6a)*;

e) Beschluss des Verwaltungsrats über dessen Konstituierung und Zeichnungsberechtigungen *(Anhang 6b)*;

f) Stampa- und Lex-Friedrich-Erklärung *(Anhang 6c)*; und

g) Anmeldung an das Handelsregister *(Anhang 6d)*.

² Ferner haben sich die Parteien auf das Organisationsreglement des Verwaltungsrats und der Geschäftsleitung der Gesellschaft in *Anhang 7* geeinigt.

5-1 Damit die gesamte Joint-Venture-Dokumentation aufeinander abgestimmt werden kann, empfiehlt es sich, gleichzeitig mit der Grundvereinbarung alle anderen Dokumente festzulegen und sie der Grundvereinbarung als integrierende Bestandteile (vgl. Ziff. 77) beizufügen. Für Muster sämtlicher Gründungsdokumente sei u.a. auf die Spezialliteratur und die Webseiten der Handelsregisterämter verwiesen (bspw. GWELESSIANI; ZINDEL ET AL.; FORSTMOSER, Organisation; <http://www.hra.zh.ch>).

5-2 Weitere für die Gründung der Joint-Venture-Gesellschaft erforderliche Dokumente sind in Ziff. 7 genannt. Allfällige vom zuständigen Handelsregisteramt oder Notariat verlangte Anpassungen der Gründungsdokumente müssen die Parteien gestützt auf Ziff. 8 vornehmen.

5-3 Vorgesehen ist im Mustervertrag, dass die Gründer ihre Liberierungspflicht teilweise durch die Einlage von anderen Vermögenswerten als Geld erbringen (vgl. auch Ziff. 6). Bei der *Sacheinlage* sind die qualifizierten Gründungsvorschriften von Art. 628, Art. 635 Ziff. 1, Art. 635a und 642 OR zu beachten. Nebst der Berücksichtigung in den Statuten sind hierfür die in Ziff. 5 lit. c genannten Dokumente und die in Ziff. 7 aufgeführte Prüfungsbestätigung nötig (zur Problematik der Einbringung in das Joint Venture siehe den gleichnamigen Aufsatz von WATTER).

5-4 Sofern einer der Gründer einen Geschäftsteil in das Joint Venture einbringen soll, ist dies mit einem *Vermögensübertragungsvertrag* gemäss Art. 69 ff. FusG zu bewerkstelligen (vgl. Art. 181 Abs. 4 OR; siehe dazu bspw. Vischer, S. 105 ff.). Verpflichtet sich die in Gründung befindliche Joint-Venture-Gesellschaft, bestimmte Vermögenswerte zu erwerben, sind für solche *Sachübernahmen* (Art. 628 Abs. 2 OR) die gleichen qualifizierten Gründungsvorschriften wie bei der Sacheinlage zu beachten (zur Problematik bei Sachübernahmen siehe Böckli, Aktienrecht, § 1 Rz 379 ff.).

6. [1] Die Parteien werden ihre je [Anzahl] Namenaktien mit einem Nennwert von je CHF [Betrag] wie folgt liberieren:

a) X: – CHF [Betrag] durch Bareinlage;
– CHF [Betrag] durch Sacheinlage von [z.B. Immaterialgüterrechten] gemäss Sacheinlagevertrag, inkl. Inventarliste, in *Anhang 4*;

b) Y: – CHF [Betrag] durch Bareinlage;
– CHF [Betrag] durch Sacheinlage von [z.B. Liegenschaft, Maschinen] gemäss Sacheinlagevertrag, inkl. Inventarliste, in *Anhang 5*.

[2] Anstelle von einzelnen Namenaktien stellt die Gesellschaft Zertifikate über mehrere Aktien aus.

Variante:

[2] Die Gesellschaft verzichtet auf Druck und Auslieferung von Aktienurkunden.

[3] Die Parteien werden die Bareinlagen gemäss obigem Absatz 1 rechtzeitig vor der Gründungsversammlung auf das Kapitaleinzahlungskonto [Kontodetails] zugunsten [Firma der Gesellschaft] AG (in Gründung) bei der [Bank] einbezahlen.

[4] Der Mehrwert der Sacheinlagen von X und Y im Umfang von CHF [Betrag] bzw. CHF [Betrag] wird als Agio verbucht. Die Parteien sind nicht berechtigt, in diesem Umfang später zusätzliche Aktien zu beziehen.

6-1 *Aktienzertifikate* sind Wertpapiere und rechtlich den entsprechenden Einzeltiteln gleichgestellt (BSK-OR-II-Baudenbacher, Art. 622 N 19). Für die Übertragung der hier gewählten Aktienzertifikate über Namenaktien bedarf es daher der Indossierung und der Übertragung des Besitzes (Art. 967 OR).

6-2 Vorliegend entsteht bei der Liberierung ein Mehrerlös, weil die Bar- und Sacheinlagen den Nennwert der Aktien übersteigen. Das *Agio* ist der allgemeinen Reserve zuzuweisen (Art. 671 Abs. 2 Ziff. 1 OR). Die Gesellschaft kann das Agio nur im Rahmen von Art. 671 Abs. 3 OR verwenden (zu der

Kontroverse in der Lehre vgl. BSK-OR-II-Neuhaus/Balkanyi, Art. 671 N 28 ff.). Die Feststellung, dass die Gründer nicht berechtigt sind, im Umfang des Agios später Aktien zu erwerben, ist an und für sich eine Selbstverständlichkeit, gehört doch das Agio zum Eigenkapital der Gesellschaft und ist dem Zugriff der Gründer entzogen (vgl. Art. 680 Abs. 2 OR). Der Klarheit halber, insbesondere für einen allfälligen ausländischen Gründer, wird im Mustervertrag trotzdem darauf hingewiesen.

6-3 Falls die Gründer ihre Aktien zur Sicherung der Veräusserungsbeschränkungen einem Escrow Agent übergeben wollen (vgl. Ziff. 46), müssen sie in den Statuten die Übertragung der Namenaktien mittels Zession ausschliessen (siehe dazu die Kommentierung in Rz 46-2).

7. Die Gründung der Gesellschaft mit den Gründungsdokumenten gemäss Ziff. 5 oben findet spätestens am [Datum] im Notariat [Bezeichnung] statt. Rechtzeitig im Voraus stellt [X bzw. Y] die Gründungsdokumente und die weiteren erforderlichen Dokumente (Prüfungsbestätigung betr. Gründungsbericht und Kapitaleinzahlungsbestätigung der [Bank]) dem Notariat und dem zuständigen Handelsregisteramt zur Vorprüfung zu. Unmittelbar nach Gründung der Gesellschaft haben die Parteien die Anmeldung beim zuständigen Handelsregisteramt vorzunehmen.

Erste Variante (bei vorgängiger Einholung von Bewilligungen, z.B. Bau- oder Betriebsbewilligungen oder eines Steuerrulings):
Die Parteien gründen die Gesellschaft mit den Gründungsdokumenten gemäss Ziff. 5 Abs. 1 oben unverzüglich nach Erteilung der Bewilligung für [Bewilligungsart] im Notariat [Bezeichnung], sofern die Bewilligung zur Zufriedenheit beider Parteien ausfällt. Zur Erlangung der Bewilligung werden die Parteien Folgendes unternehmen: [Beschreibung]. Unmittelbar nach Gründung der Gesellschaft haben die Parteien die Anmeldung beim zuständigen Handelsregisteramt vorzunehmen.

Zweite Variante (bei kartellrechtlich problematischen Joint Ventures):
Die Parteien gründen die Gesellschaft mit den Gründungsdokumenten gemäss Ziff. 5 Abs. 1 oben unverzüglich, nachdem die zuständigen Kartellbehörden (a) kein Prüfungsverfahren eröffnet haben, (b) die Zusammenarbeit genehmigt oder freigestellt haben oder (c) die Zusammenarbeit wegen Fristablaufs nicht mehr untersagen können. Die Federführung bei der Anmeldung zur Fusionskontrolle übernimmt [X/Y]. [Y/X] unterstützt [X/Y] hierbei. Unmittelbar nach Gründung der Gesellschaft haben die Parteien die Anmeldung beim zuständigen Handelsregisteramt vorzunehmen.

7-1 Die Parteien sollten sich in der Grundvereinbarung darauf einigen, bis wann die Joint-Venture-Gesellschaft zu gründen ist. Für die Einhaltung dieses Termins durch die Parteien sorgt der Druck der andernfalls drohenden Konventionalstrafe nach Ziff. 45. Bis zur Gründung liegen auch die Kapitaleinzahlungsbestätigung der Bank und der Prüfungsbericht eines zugelassenen Revisors hinsichtlich der Sacheinlagen (Art. 635a OR) vor. Die Gründung der Aktiengesellschaft bedarf der öffentlichen Beurkundung (Art. 629 OR).

7-2 Um anlässlich der Gründung keine unliebsamen Überraschungen zu erleben, drängt es sich wegen der grossen Papierflut auf, die Gründungsdokumente vorgängig durch das Notariat und das zuständige Handelsregisteramt prüfen zu lassen. Hierbei hat eine der Gründergesellschaften die Verantwortung zu übernehmen. Sind Anpassungen an die Gründungsdokumente erforderlich, so sind diese gemäss Ziff. 8 vorzunehmen.

7-3 *Zur ersten Variante:* Die Gründung des Joint Ventures bedarf regelmässig mehrerer *Bewilligungen*. Einerseits müssen die zuständigen *internen Instanzen jedes Gründers* zustimmen, und andererseits kann die Eingehung des Joint Ventures von der Zustimmung von Vertragspartnern und Behörden abhängig sein. Das können bspw. *industriespezifische Betriebsbewilligungen, Baubewilligungen* für den Bau einer Produktionsstätte oder *Steuerrulings* von Steuerbehörden etc. sein (vgl. HEWITT, Rz 2-24 ff.). Die Musterklausel geht davon aus, dass die Parteien für die sich in Gründung befindliche Gesellschaft schon vor Vertragsabschluss die ersten Schritte zur Erlangung der entsprechenden Bewilligung(en) eingeleitet haben.

7-4 Wenn auch im Mustervertrag nicht vorgesehen, so erfolgt die Gründung eines Joint Ventures häufig dadurch, dass zumindest eine Partei einen Geschäftsteil mittels eines *Vermögensübertragungsvertrags* in das Joint Venture einbringt (vgl. Rz 5-4 oben). Dabei darf nicht vergessen werden, dass nach h.L. sämtliche Verträge dieses Geschäfts durch *partielle Universalsukzession* auf die Joint-Venture-Gesellschaft übergehen. Allerdings ist zu beachten, dass dem Vertragspartner ein *Rücktrittsrecht ex nunc* einzuräumen ist. Das gilt nach h.L. selbst dann, wenn ein Vertrag eine *Kontrollwechselklausel* enthält, wonach der Vertrag bei wesentlichen Änderungen der Kontrollverhältnisse entweder automatisch dahinfällt oder der anderen Partei ein Kündigungsrecht einräumt (zum Ganzen AMSTUTZ/MABILLARD, ST N 269 ff., 282, 443, m.w.Verw.; siehe auch Rz 50-2 unten). Demzufolge müssen die Gründer vorgängig die Zustimmung der Vertragspartner einholen. Häufig benützt die Gegenpartei diese Anfrage, um den Vertrag nachzuverhandeln. Zu bedenken ist auch, dass Banken einen Geschäftsübergang zum

Anlass nehmen können, einzelne *Kreditverträge* zu beenden (SCHULTE/POHL, Rz 55).

7-5 *Zur zweiten Variante:* Vor der Gründung eines Joint Ventures ist stets zu prüfen, ob es *kartellrechtlich* zulässig ist (siehe oben S. 7 ff.). Die Gründer müssen vor dem Abschluss des Vertrags abklären, ob das Projekt der Weko und möglicherweise anderen Wettbewerbsbehörden zu melden ist (dazu DUCREY, Zusammenschlüsse, S. 129 ff.). Die Joint-Venture-Gesellschaft soll erst dann gegründet werden, wenn die zuständigen Wettbewerbsbehörden das Joint Venture als kartellrechtlich unbedenklich eingestuft haben (vgl. zu den verschiedenen Möglichkeiten des Verfahrensabschlusses der Weko – Vorprüfungs- bzw. Prüfungsverfahren – ZÄCH, Rz 1029 und 1033).

7-6 Gemäss Ziff. 8 des Mustervertrags sind die Parteien verpflichtet, bei der Erlangung der notwendigen Bewilligungen und Freistellungen bzw. Genehmigungen der Wettbewerbsbehörden *mitzuwirken*. Falls sie noch nicht abgeklärt haben, ob eine Bewilligung einzuholen oder eine kartellrechtliche Meldung zu machen ist, sind Ziff. 7 und 8 entsprechend anzupassen (vgl. zum Ganzen auch VOLHARD, S. 635 Rz 25).

7-7 Bei Wahl der beiden Varianten steht der Joint-Venture-Vertrag aufgrund von Ziff. 47 unter der *aufschiebenden Bedingung* (Art. 151 ff. OR) der gültigen Erteilung der nötigen Bewilligungen.

8. Die Parteien sind verpflichtet, alle Handlungen vorzunehmen, Auskünfte zu erteilen und Erklärungen abzugeben, die für die Gründung der Gesellschaft und für ihre Eintragung im Handelsregister sowie für den Erhalt der Bewilligungen bzw. Genehmigungen notwendig sind. Allfällige Beanstandungen des Notariats und des Handelsregisteramts sowie anderer Behörden werden die Parteien im gegenseitigen Einvernehmen so rasch wie möglich beheben.

8-1 Siehe die Kommentierung in Rz 7-2 oben.

9. Die im Zusammenhang mit der Gründung der Gesellschaft anfallenden Kosten und Gebühren von Dritten gemäss Ziff. 7 oben übernimmt die Gesellschaft [*Variante:* (...) tragen die Parteien je zur Hälfte]. Alle anderen Aufwendungen, inklusive der Ausarbeitung dieses Vertrags und seiner Anhänge, tragen die Parteien selber.

9-1 Sofern die Joint-Venture-Gesellschaft die Gründungskosten übernimmt, können diese bilanziert werden (Art. 664 OR; dazu BSK-OR-II-NEUHAUS/BALKANYI, Art. 664 N 4 ff.).

II. Satellitenverträge

A. *Im Allgemeinen*

10. Unmittelbar vor der Gründungsversammlung der Gesellschaft müssen folgende Satellitenverträge mit der Gesellschaft in unveränderter Form abgeschlossen werden:

a) seitens X:

   aa) Sacheinlagevertrag, inkl. Inventarliste *(Anhang 4)*;

   bb) Lizenzvertrag [z.B. betreffend Patente, Marken etc. oder Knowhow] *(Anhang 8)*; und

   cc) Dienstleistungsvertrag [z.B. betreffend IT-Support, Rechts- und Steuerberatung, Marketing etc.] *(Anhang 9)*.

b) seitens von Y:

   aa) Sacheinlagevertrag, inkl. Inventarliste *(Anhang 5)*;

   bb) Lizenzvertrag [z.B. betreffend Patente, Marken etc. oder Knowhow] *(Anhang 10)*;

   cc) Dienstleistungsvertrag [z.B. betreffend IT-Support, Rechts- und Steuerberatung, Marketing etc.] *(Anhang 11)*; und

   dd) Liefervertrag *(Anhang 12)*.

10-1 Die Verträge zwischen der Joint-Venture-Gesellschaft und einem Gründer werden als *Satelliten-* oder *Durchführungsverträge* bezeichnet (siehe dazu OERTLE, S. 139 ff; DJALALI, S. 96 ff.; TSCHÄNI, M&A, 7. Kap. Rz 104 ff.). Es handelt sich dabei um rechtlich selbständige, von der Grundvereinbarung unabhängige, Verträge, die mit der Grundvereinbarung zusammen ein wirtschaftliches Ganzes bilden. In Frage kommen namentlich Finanzierungs-, Sacheinlage-, Lizenz-, Dienstleistungs-, Arbeitsverträge von Geschäftsleitungsmitgliedern sowie Liefer- und Abnahmeverträge (für Muster eines Management Services Agreement, allerdings nicht nach Schweizer Recht, siehe etwa HEWITT, S. 776 ff. [Precedent 16]; GUTTERMANN, S. 437 ff. und 503 ff.). Satellitenverträge sind für den wirtschaftlichen Erfolg des Joint Ventures offensichtlich von ganz entscheidender Bedeutung, weshalb sie sorgfältig zu redigieren und mit der Grundvereinbarung abzustimmen sind.

10-2 Vorbehältlich einer abweichenden Parteivereinbarung gilt hinsichtlich der Satellitenverträge Folgendes (OERTLE, S. 143 ff., 162 ff.):

– Die Satellitenverträge gelten als stillschweigend suspensiv bedingt abgeschlossen, wobei die Erfüllung der in der Grundvereinbarung (vorliegend Ziff. 10) enthaltenen Verpflichtung zum Abschluss der Satellitenverträge als Bedingungseintritt gilt (für BSK-OR-II-Amstutz/Schluep, Einl. vor Art. 184 ff. N 440, geht diese These zu weit; sachgerechter sei, dies durch Art. 82 OR zu lösen).

- Die Grundvereinbarung ist im Verhältnis zu den Satellitenverträgen ein unbedingter, selbständiger Vertrag.
- Die Satellitenverträge sind grundsätzlich unabhängig voneinander und nicht stillschweigend bedingt.

10-3 Bei den Satellitenverträgen sind insbesondere nachstehende Punkte zu beachten (vgl. auch Rz 16.2 und Rz 52-2 sowie, hinsichtlich des Kartellrechts, Rz 42-8 unten):

- Es darf weder zu Widersprüchen mit der Grundvereinbarung noch zu Differenzen mit den anderen Satellitenverträgen kommen. Sollten trotzdem Widersprüche auftreten, geniesst die Grundvereinbarung gemäss Ziff. 81 den Vorrang.
- Die Bestimmungen über die Vertragsdauer (inkl. der Kündigungsbestimmungen), die Sanktionen und die Streiterledigung in den Satellitenverträgen müssen sowohl mit der Grundvereinbarung als auch mit den anderen Satellitenverträgen sorgfältig abgestimmt werden (Schulte/Pohl, Rz 100; Tschäni, M&A, 7. Kap. Rz 109).
- Die Gründer sollten die Satellitenverträge gleichzeitig abschliessen, um zu verhindern, dass einer von ihnen seinen grundvertraglichen Pflichten nachkommt, aber der andere nicht (Oertle, S. 160; zu den Rechtsfolgen bei Vertragsverletzungen siehe Tschäni, M&A, 7. Kap. Rz 107, und S. 4 oben). Noch besser ist es, wenn die Gründer die Satellitenverträge, wie in dieser Ziff. 10 vorgesehen, am Closing kurz vor der Gründungsversammlung der Joint-Venture-Gesellschaft unterzeichnen (Oertle, S. 160; Tschäni, M&A, 7. Kap. Rz 103).

Hat die Joint-Venture-Gesellschaft (wie im vorliegenden Mustervertrag) die Rechtspersönlichkeit mangels Eintrag im Handelsregister noch nicht erlangt (siehe Art. 643 Abs. 1 OR), müssen die Gründer die Satellitenverträge für die Joint-Venture-Gesellschaft in deren Namen («XY AG [in Gründung]») abschliessen (Art. 645 Abs. 1 OR; zur Übernahme der Verträge durch die Joint-Venture-Gesellschaft siehe Ziff. 11).

- Falls die Satellitenverträge aus irgendeinem Grund nicht gleichzeitig abgeschlossen werden können, ist klar zu regeln, wann die Satellitenverträge zu unterzeichnen sind und die Leistungen fällig sein sollen; und überdies sollten die Satellitenverträge diesfalls eine Suspensivbedingung enthalten, wonach die Satellitenverträge eines Gründers nur dann in Kraft treten, wenn auch der andere Gründer seine Satellitenverträge mit der Gesellschaft abgeschlossen hat (TSCHÄNI, M&A, 7. Kap. Rz 109).

OERTLE schlägt sodann vor, in die Satellitenverträge eine Bedingung aufzunehmen, wonach sie erst dann verbindlich werden, wenn gewisse andere Satellitenverträge (in der Grundvereinbarung festzuhalten) abgeschlossen werden (OERTLE, S. 161 u. 173 f.).

- Als weitere Sicherheitsmassnahme können die Gründer das Inkrafttreten der Grundvereinbarung davon abhängig machen, dass vorher alle oder einzelne Satellitenverträge unterzeichnet worden sind. An und für sich ist eine solche Suspensivbedingung beim Mustervertrag nicht unbedingt nötig, weil die Satellitenverträge unmittelbar vor der Gründungsversammlung der Joint-Venture-Gesellschaft abzuschliessen sind. Unter anderem um allfällige kurzfristige Verzögerungen beim Abschluss eines Satellitenvertrags präventiv zu berücksichtigen, empfiehlt es sich trotzdem, diese Bedingung vorzusehen (siehe Ziff. 47).

- Falls ein Gründer seine Leistungen aus einem Satellitenvertrag nicht erfüllt, muss der andere Gründer das Recht haben, seine Leistungen aus seinen Satellitenverträgen zu suspendieren (TSCHÄNI, M&A, 7. Kap. Rz 108 f.). Der Mustervertrag sieht dies in Ziff. 13 vor. Weil die Parteien der Grundvereinbarung und der Satellitenverträge nicht die gleichen sind, ist eine entsprechende Klausel in die Satellitenverträge aufzunehmen, sonst würde der andere Gründer seinen Vertrag mit der Joint-Venture-Gesellschaft verletzen.

Ausnahmsweise kann sogar überlegt werden, ob die Gründer die Aufrechterhaltung der Grundvereinbarung nicht davon abhängig machen wollen, dass der andere Gründer gewisse Satellitenverträge vereinbarungsgemäss erfüllt. Das wäre mittels einer Resolutivbedingung (Art. 154 OR) in der Grundvereinbarung zu regeln (OERTLE, S. 161). In der Regel dürften die Erfüllungsklage, das Leistungsverweigerungsrecht (Ziff. 13) und die Konventionalstrafe (Ziff. 45) indessen vollauf genügen, weshalb hier auf eine solche Bestimmung verzichtet wird.

- Die Satellitenverträge sind als integrierende Bestandteile der Grundvereinbarung zu erklären (Ziff. 79).

- Ferner ist in der Grundvereinbarung zu statuieren, dass die Gründer Sorge tragen, dass die Joint-Venture-Gesellschaft die Satellitenverträge tatsächlich einhält (SCHULTE/POHL, Rz 100; vgl. Ziff. 29 und 36).

Verletzt ein Gründer seine Pflicht zum Abschluss der Satellitenverträge oder erfüllt er seine Leistungen nicht gehörig, ist zwar auch die Konventionalstrafe nach Ziff. 45 geschuldet, aber die oben genannten Massnahmen sind vorteilhafter und helfen unverzüglich, ohne Einschaltung des Richters («Vorsorge ist besser als ‹heilen›.»).

10-4 Was die Einbringung von *Immaterialgüterrechten* in die Joint-Venture-Gesellschaft betrifft, ist zu entscheiden,
- ob dies durch Übertragung oder Lizenzierung geschehen soll,
- der veräussernde Gründer eine Rücklizenz erhalten soll,
- wem neue Immaterialgüterrechte zustehen sollen und
- was mit diesen Rechten bei Beendigung des Joint Ventures geschieht (vgl. bspw. Ziff. 52 Abs. 2; zum Ganzen siehe SCHULTE/POHL, Rz 151 ff.; DESSEMONTET; für eine Musterklausel siehe *International Trade Centre UNCTAD/WTO*, Incorporated JV, S. 87 f. [Art. 14] u. S. 92 f. [Art. 21.3]).

11. Die Parteien werden dafür sorgen, dass die Gesellschaft die Satellitenverträge gemäss Ziff. 10 oben übernimmt. Der Verwaltungsrat hat den entsprechenden Beschluss innerhalb von [Anzahl] Wochen nach der Eintragung der Gesellschaft im Handelsregister zu fassen.

11-1 Da die Gründer die Satellitenverträge an der Gründungsversammlung der Joint-Venture-Gesellschaft in deren Namen unterzeichnet haben, muss die Gesellschaft die Satellitenverträge *innerhalb von drei Monaten seit Eintragung der Gesellschaft ins Handelsregister* übernehmen, damit die Gründer von ihrer solidarischen Haftung nach Art. 645 Abs. 1 OR befreit werden (Art. 645 Abs. 2 OR). Zuständig dafür ist der Verwaltungsrat (BSK-OR-II-SCHENKER, Art. 645 N 9). Wird die Dreimonatsfrist verpasst, wäre für die Haftungsbefreiung die Zustimmung des anderen Gründers erforderlich (BSK-OR-II-SCHENKER, Art. 645 N 10). Für die Einhaltung dieser Frist sorgt indessen die ansonsten drohende Konventionalstrafe.

12. Allfällige in Zukunft abzuschliessende Verträge zwischen den Parteien sowie ihrer verbundenen Unternehmen einerseits und der Gesellschaft andererseits sind wie die Satellitenverträge gemäss Ziff. 10 oben zu marktüblichen Konditionen abzuschliessen und bedürfen der vorgängigen schriftlichen Zustimmung derjenigen Partei, die nicht Vertragspartei ist. Sie werden diesem Vertrag als Anhänge beigefügt.

12-1 Diese Bestimmung spricht das steuerrechtliche Problem der *Transferpreise* an. Verbundene Unternehmen müssen bekanntlich Waren und Dienstleistungen zu gleichen Konditionen austauschen, wie sie auch im Verhältnis zu unabhängigen Dritten gelten (Grundsatz des «dealing at arm's length»; siehe RÜDISÜHLI, S. 113 f.; SPORI/BUCHER, S. 177 f.). Diese Klausel legt nur den Grundsatz fest. Sie kommt dann nicht zum Tragen, wenn keine Marktpreise existieren (VOLHARD, S. 634, Rz 18).

12-2 Schliesst ein Gründer mit der Joint-Venture-Gesellschaft zu einem späteren Zeitpunkt einen (Satelliten-) Vertrag ab, ist über die Zustimmung im zuständigen Organ der Joint-Venture-Gesellschaft hinaus dafür zu sorgen, dass der andere Gründer dem Inhalt des Vertrags zustimmt und der Vertrag als Anhang integrierender Bestandteil der Grundvereinbarung wird. Damit ist sichergestellt, dass die Bestimmungen der Grundvereinbarung auch auf diesen neuen Satellitenvertrag anwendbar sind (vgl. Ziff. 13 und 45). Möglicherweise erfordert der neue Satellitenvertrag eine Anpassung der Grundvereinbarung.

13. Verletzt eine Partei ihre Verpflichtungen aus den Satellitenverträgen mit der Gesellschaft oder liegt ein Verstoss gegen ihre Garantien gemäss Ziff. 14 bzw. 15 unten vor, ist die andere Partei jederzeit berechtigt, die Erfüllung ihrer Pflichten aus ihren Satellitenverträgen mit der Gesellschaft gemäss Ziff. 10 und 12 oben so lange auszusetzen, bis die Verletzung behoben ist.

13-1 Siehe die Kommentierung in Rz 10-3 sechster Spiegelstrich.

B. *Garantien*

14. X garantiert, dass

a) die der Gesellschaft lizenzierten [Patente, Marken etc.] gemäss Ziff. 10 lit. a/bb oben (nachfolgend «Immaterialgüterrechte-X») im rechtmässigen, alleinigen Eigentum von X stehen und X frei über sie verfügen kann;

b) an den Immaterialgüterrechten-X keine Drittrechte (Eigentum, Pfandrechte, Nutzniessung, Lizenzrechte, sonstige vertragliche Rechte oder andere das Eigentum oder die Verfügungsfähigkeit beschränkende oder belastende Rechte) bestehen;

c) ihres Wissens keine Dritte die Immaterialgüterrechte-X verletzen und auch nicht die Gefahr einer solchen Verletzung besteht;

d) keine hängigen oder sich abzeichnenden Gerichts-, Verwaltungs- oder andere Verfahren irgendwelcher Art hinsichtlich der Immaterialgüterrechte-X bestehen oder vernünftigerweise zu erwarten sind;

> e) [*bei Patenten:*] keine Verpflichtungen bestehen, Dritten geheime Informationen betreffend die Immaterialgüterrechte-X zu offenbaren oder sonst zugänglich zu machen; und
>
> f) die gemäss Sacheinlagevertrag (Ziff. 10 lit. a/aa oben) einzubringenden [...] im Alleineigentum von X stehen und einen Wert von mindestens CHF [Betrag] haben.

14-1 Die Gründer haben dafür geradezustehen, dass die von ihnen in die Joint-Venture-Gesellschaft eingebrachten Immaterialgüterrechte und Sacheinlagen bestehen und letztere den angegebenen Wert (trotz Gründungsbericht und Prüfungsbestätigung; Rz 5-3 oben) aufweisen. Die Beiträge der Gründer sollen bei einem paritätischen Joint Venture unter Berücksichtigung der Bar- und der Sacheinlagen insgesamt ja auch wertmässig gleich hoch sein (zum Ganzen siehe namentlich SCHULTE/POHL, Rz 220 ff.). Je nachdem, ob die Gründer eine Due Diligence bezüglich des anderen Gründers und dessen Vermögenswerten durchgeführt haben, werden die Garantien umfangreicher oder kürzer sein oder es kann sogar ganz auf sie verzichtet werden (zur Due Diligence bei Joint Ventures siehe SCHULTE/POHL, Rz 171 ff.). Obwohl diese Garantien als Zusicherungen in den Satellitenverträgen enthalten sein werden, sind sie auch in die Grundvereinbarung aufzunehmen, um dem am betroffenen Satellitenvertrag nicht beteiligten Gründer direkte Ansprüche gegen seinen Partner zu verschaffen (siehe Ziff. 16 unten).

14-2 Das oben Gesagte gilt natürlich ganz besonders im hier nicht berücksichtigten Fall, dass ein Gründer einen Geschäftsteil in das Joint Venture einbringt (vgl. Rz 5-4 oben). Zu den Rechtsfolgen bei einer Verletzung der Garantien sei auf die Kommentierung von Ziff. 16 verwiesen.

> 15. Y garantiert, dass
>
> a) die an die Gesellschaft lizenzierten [Patente, Marken etc.] gemäss Ziff. 10 lit. b/bb oben (nachfolgend «Immaterialgüterrechte-Y») im rechtmässigen, alleinigen Eigentum von Y stehen und Y frei über sie verfügen kann;
>
> b) [*vgl. im Übrigen Ziff. 14 oben*].

15-1 Siehe die Kommentierungen von Ziff. 14 oben und Ziff. 16 unten.

II. Satellitenverträge

16. ¹ Bei Verletzung der Garantien gemäss Ziff. 14 und 15 oben (Unvollständigkeit, Unwahrheit, Irreführung etc.) ist die andere Partei nebst den Rechten gemäss Ziff. 13 oben ohne zeitliche Beschränkung jederzeit berechtigt, diese Verletzung zu rügen und die Konventionalstrafe gemäss Ziff. 45 unten geltend zu machen.

² Die schädigende Partei ist verpflichtet, die Gesellschaft von jeglichen Drittansprüchen schadlos zu halten und den Schaden sowie alle Kosten und Ausgaben (inklusive Anwaltshonorare) der Gesellschaft zu ersetzen. Die schädigende Partei ist verpflichtet und hat dafür einzustehen, dass ihre Verwaltungsräte bzw. Geschäftsleitungsmitglieder bei der Abstimmung über die Geltendmachung dieses Schadens in den Ausstand treten.

16-1 Wenn ein Gründer die Garantien gemäss Ziff. 14 und 15 nicht einhält, kann der vertragstreue Gründer grundsätzlich nichts dagegen unternehmen, weil in erster Linie ein Satellitenvertrag zwischen der Joint-Venture-Gesellschaft und dem Verletzer betroffen ist. Es ist daher notwendig, dass die Grundvereinbarung *dem vertragstreuen Gründer* in solchen Fällen ein Instrumentarium zur Verteidigung bzw. Abschreckung zur Verfügung stellt. Im Mustervertrag wird die Konventionalstrafe gemäss Ziff. 45 zur Zahlung fällig, und der vertragstreue Gründer kann seine Leistungen gemäss seinen Satellitenverträgen mit der Gesellschaft gestützt auf Ziff. 13 suspendieren. Es wäre auch möglich, den Gründern in den Satellitenverträgen des anderen Gründers bei Vertragsverletzungen einen selbständigen vertraglichen Anspruch im Sinne eines direkten Vertrags zugunsten Dritter (Art. 112 Abs. 2 OR) einzuräumen (Brechbühl/Emch, S. 280).

16-2 Die *Joint-Venture-Gesellschaft* ist in den in Ziff. 14 und 15 genannten Fällen die direkt betroffene Geschädigte. In den entsprechenden Satellitenverträgen ist deshalb auch eine Garantieklausel aufzunehmen. Damit die Gesellschaft ihre Rechte aus dem betreffenden Satellitenvertrag gegenüber dem fehlbaren Gründer geltend machen kann, muss verhindert werden, dass eine Pattsituation eintreten kann. Im Organisationsreglement der Gesellschaft ist dabei zu regeln, bis zu welcher Schadenshöhe die Geschäftsleitung für die Einleitung von Klagen zuständig ist und ab wann der Verwaltungsrat. In der Geschäftsleitung kann im Musterbeispiel kein Patt eintreten, weil der CEO ein von beiden Parteien unabhängiger Dritter ist (Ziff. 25 f.). Trotzdem haben die Geschäftsleitungsmitglieder des Verletzers der Sicherheit halber bei der Abstimmung in den Ausstand zu treten. Hat der Verwaltungsrat zu entscheiden, haben sich die Verwaltungsräte des Verletzers der Stimme zu enthalten. Bei Missachtung der Ausstandspflicht droht nebst der bereits wegen des Verstosses gegen Ziff. 16 Abs. 1

geschuldeten Konventionalstrafe (Verletzung eines Satellitenvertrags) eine zweite Konventionalstrafe (Ziff. 45). Gesellschaftsintern könnte für diesen Fall eine Ausstandspflicht der Verwaltungsräte im Organisationsreglement vorgesehen werden (Forstmoser et al., § 28 Rz 32 f.)

16-3 Diese Regelung der Rechtsfolgen bei einer Verletzung der Garantien mutet auf den ersten Blick seltsam an, ist ein Joint Venture doch auf eine gute Zusammenarbeit der Partner angewiesen. Trotzdem macht sie Sinn: Sie zeigt erstens, dass die Parteien die Kooperation ernsthaft wollen und diese sorgfältig geprüft haben. Zweitens kann trotz einer vorbereitenden Due Diligence ein wichtiger Aspekt übersehen worden sein, der durch eine selbständige Garantie leichter zu korrigieren ist. Und drittens kann ein nachträglich entdeckter Mangel, der nicht durch eine Garantie abgedeckt ist, das Vertrauensverhältnis mindestens ebenso stark erschüttern wie eine offene Auseinandersetzung über einen unter Umständen gegebenen Garantieanspruch (Schulte/Pohl, Rz 223 f.).

III. Finanzierung

17. Die Parteien gewähren der Gesellschaft zur Sicherung der Liquidität je ein Darlehen in der Höhe von CHF [Betrag] gemäss separaten Darlehensverträgen *(Anhänge 13 und 14)*.

17-1 Die Joint-Venture-Gesellschaft muss über genügend Kapital verfügen, ganz besonders in der Start- und der Wachstumsphase. Nach Abschluss der Anlaufphase ist zu hoffen, dass sich das Unternehmen durch eigene Gewinne selber finanzieren kann (für eine ausführlichere Darstellung der Finanzierung von Joint Ventures siehe Schulte/Pohl, Rz 587 ff.). Der Mustervertrag sieht daher vor, dass die Gründer der Joint-Venture-Gesellschaft nebst dem Eigenkapital (vgl. Ziff. 1) ein Darlehen als Mitgift «in die Ehe» bringen.

17-2 Den Parteien stehen für die weitere Sicherung der Finanzierung der Gesellschaft folgende Möglichkeiten zur Verfügung:
– eine Pflicht zur Leistung aller notwendigen finanziellen Mittel,
– ein ausdrücklicher Verzicht auf künftige Finanzierungen und,
– als vermittelnde Position, die Bestimmung einer Obergrenze, bis zu der die Parteien weitere finanzielle Mittel zur Verfügung stellen müssen (Schulte/Pohl, Rz 593; vgl. dazu die Kommentierung zu Ziff. 18 unten).

18. ¹ Die Parteien werden die Gesellschaft in dem im Businessplan *(Anhang 1)* festgehaltenen Zeitpunkt mit je einem weiteren Darlehen finanzieren.

² Bei Bedarf bemühen sich die Parteien im Sinne von Ziff. 36 unten, die weitere Finanzierung der Gesellschaft sicherzustellen, sei dies mittels

a) Kapitalerhöhung, Darlehensgewährung oder einer anderen angemessenen Finanzierungsform durch die Parteien im Verhältnis ihrer Beteiligungen am Aktienkapital oder

b) Darlehensgewährung oder einer anderen angemessenen Finanzierungsform durch Dritte.

Variante (anstelle von Abs. 1 und 2):

Die Parteien sind mangels gegenteiliger schriftlicher Vereinbarung nicht verpflichtet, der Gesellschaft nebst der Darlehensgewährung in Ziff. 17 oben zusätzliche Finanzmittel zur Verfügung zu stellen, selbst wenn das Kapital der Gesellschaft für die Erreichung ihres Zwecks nicht ausreichen sollte. Die weitere Finanzierung erfolgt auf den üblichen Finanzierungswegen.

18-1 Nach dieser Bestimmung legen die Parteien im Businessplan verbindlich fest, in welchem Zeitpunkt sie der Gesellschaft je ein weiteres Darlehen gewähren.

18-2 Da in der Regel nicht genau vorausgesagt werden kann, wann die Gesellschaft weiteres Kapital benötigt und in welcher Höhe, könnte im Businessplan ein im Vornherein fixierter Mechanismus implementiert werden (z.B. mit einer Formel, welche die Höhe der Finanzierung anhand von Kennzahlen ermittelt). Der Mustervertrag verpflichtet die Parteien in Verbindung mit Ziff. 36 (allgemeine Treuepflicht, Best-Effort-Klausel) diesbezüglich, sich zu bemühen, die Joint-Venture-Gesellschaft selber oder mit Drittmitteln weiter zu finanzieren, sodass sie ihren Zweck bestmöglich erreichen kann (für die verschiedenen Lösungsvarianten siehe Rz 17-2 oben). Aufgrund von Ziff. 36 wird diese Pflicht jedoch durch das zugegebenermassen unscharfe Kriterium der Zumutbarkeit beschränkt: Die Parteien müssen die Joint-Venture-Gesellschaft selber oder mit Drittmitteln weiter finanzieren, damit sie ihren Zweck bestmöglich erreicht, sofern das für die Gründer zumutbar ist (zum Ganzen siehe BRECHBÜHL/EMCH, S. 279).

18-3 *Zur Variante:* Gemäss dieser Klausel, die sich an VOLHARD, S. 627 (§ 3 Abs. 3 Satz 2), anlehnt, müssen die Gründer die Joint-Venture-Gesellschaft nicht weiter finanzieren. Der zweite Satz stellt klar, dass die Joint-Venture-Gesellschaft bei Kapitalbedarf Fremdkapital bei Dritten beschaffen muss. Einer Kapitalerhöhung und der Ausgabe neuer Aktien an Investoren stehen Ziff. 4 und die Mehrheitserfordernisse von Art. 704 OR entgegen. Bei einer Überschuldung im Sinne von Art. 725 OR geht Ziff. 19 dieser Variante vor.

19. ¹ Ist das Eigenkapital der Gesellschaft nicht mehr gedeckt, sind die Parteien verpflichtet, die Gesellschaft im Verhältnis ihrer Beteiligungen zu sanieren. Dabei haben die Partien als erste Massnahme Rangrücktrittserklärungen im Sinne von Art. 725 Abs. 2 OR abzugeben.

² Will oder kann eine Partei ihren anteilmässigen Sanierungsbeitrag nicht leisten, steht der sanierenden Partei ein Kaufrecht analog Ziff. 56 und 57 Abs. 1 unten zu, wobei der Kaufpreis dem inneren Wert der Aktien entspricht. Der Umfang des Kaufrechts der sanierenden Partei bestimmt sich wie folgt: Beteiligt sich die andere Partei

a) überhaupt nicht an der Sanierung, umfasst das Kaufrecht alle ihre Aktien;

b) teilweise an der Sanierung, umfasst das Kaufrecht einen proportionalen Anteil ihrer Aktien entsprechend dem Verhältnis des tatsächlichen Sanierungsbetrags zu dem gemäss ihrem Aktienbesitz notwendigen Sanierungsbetrag.

19-1 Selbst wenn sich die Parteien für die Variante in Ziff. 18 entschieden haben, dürften sie nur schon aus Reputationsgründen nicht daran interessiert sein, dass die Joint-Venture-Gesellschaft in Konkurs fällt.

19-2 Sofern eine Partei nicht willens oder nicht fähig ist, sich an der Sanierung zu beteiligen, muss es ihr möglich sein, sich an Sanierungsmassnahmen ganz oder teilweise nicht zu beteiligen, ohne dadurch Rechtsnachteile (Schadenersatz oder Konventionalstrafe gemäss Ziff. 45) zu erleiden. Immerhin muss sie mit einer Reduktion ihrer Beteiligung rechnen. Diese Regelung ist im Vergleich zur Konventionalstrafe oder zu einer allgemeinen Schadenersatzklage lex specialis (STUDER, S. 768, Rz 16.1; die Klausel lehnt sich an diesen Autor an).

IV. Organisation

A. Generalversammlung und Revisionsstelle

20. Hinsichtlich der Generalversammlung und der Revisionsstelle der Gesellschaft gelten die Bestimmungen der Statuten *(Anhang 2)* und subsidiär diejenigen des Obligationenrechts.

IV. Organisation

21. Das Amt des Vorsitzenden der Generalversammlung wird vom Vizepräsidenten des Verwaltungsrats besetzt.

21-1 Die Statuten können den Vorsitzenden der Generalversammlung frei bestimmen (BSK-OR-II-DUBS/TRUFFER, Art. 702 N 24). Um ein Übergewicht der einen Partei zu vermeiden, soll nach diesem Vorschlag der Vizepräsident des Verwaltungsrats der Generalversammlung vorsitzen. Dieses Amt wird gemäss Ziff. 23 von einem Vertreter der Partei besetzt, die nicht den Verwaltungsratspräsidenten stellt.

21-2 Mangels gegenteiliger Anordnung in den Statuten hat der Vorsitzende der Generalversammlung bei der Beschlussfassung keinen Stichentscheid (BÖCKLI, Aktienrecht, § 12 Rz 358). In den Statuten könnte ihm indessen ein Stichentscheid eingeräumt werden (BÖCKLI, Aktienrecht, § 12 Rz 358; BSK-OR-II-DUBS/TRUFFER, Art. 703 N 11a f.). Das ist jedoch bei paritätischen Zweimanngesellschaften zu vermeiden (BÖCKLI, Aktienrecht, § 12 Rz 360 f.).

22. Die Revisionsstelle der Gesellschaft ist die [Firma]. Sie amtet für eine erste Amtsdauer von [einem, zwei oder drei] Geschäftsjahr[en].

22-1 Zur Revisionspflicht (ordentliche oder eingeschränkte Revision oder Opting-out) siehe Art. 727 ff. OR (Art. 626 Ziff. 6 OR).

22-2 Bei einem Joint Venture ist eine ordentliche oder eingeschränkte Revision einem Opting-out vorzuziehen, sofern ein Opting-out überhaupt in Frage kommt (vgl. Art. 727a Abs. 2 OR). Die Gesellschaft wählt die Revisionsstelle nach Art. 730a Abs. 1 OR für eine erste Amtsdauer von einem bis zu drei Geschäftsjahren. Eine Wiederwahl ist möglich, wobei die Revisionsstelle bei Anwendbarkeit der ordentlichen Revision maximal während sieben Jahren ununterbrochen amtieren darf (danach hat sie während drei Jahren zu pausieren; Art. 730a Abs. 1 und 2 OR).

B. Verwaltungsrat

23. ¹ Der Verwaltungsrat besteht aus vier Mitgliedern, wobei die Parteien je zwei ihrer Mitarbeiter des obersten Kaders als Verwaltungsräte bestimmen. Der Verwaltungsratspräsident amtet für [zwei] Jahre und wird alternierend von einem Vertreter von X bzw. Y besetzt. Bei Pattsituationen hat er keinen Stichentscheid. Als Vizepräsident amtet für die gleiche Amtsdauer wie der Präsident jeweils ein Vertreter der anderen Partei.

² Die Parteien können ihre Vertreter im Verwaltungsrat jederzeit ersetzen.

³ Im Übrigen gelten die Bestimmungen der Statuten *(Anhang 2)* und des Organisationsreglements *(Anhang 7)* sowie subsidiär diejenigen des Obligationenrechts.

23-1 Der Verwaltungsrat wird im Mustervertrag entsprechend dem Beteiligungsverhältnis paritätisch besetzt. Ferner bestimmen die Verwaltungsräte ihren Präsidenten (Art. 712 Abs. 1 OR). Die Statuten könnten jedoch auch vorsehen, dass der Verwaltungsratspräsident durch die Generalversammlung gewählt wird (Art. 712 Abs. 2 OR). Das Gesetz sieht vor, dass der Vorsitzende den Stichentscheid bei Pattsituationen im Verwaltungsrat hat, sofern die Statuten nicht etwas anderes vorsehen (Art. 713 Abs. 1 OR). Es sei hier darauf hingewiesen, dass als Vorsitzender im Sinne dieser Bestimmung nicht nur der Verwaltungsratspräsident gilt, sondern auch der jeweilige «Tagespräsident», der die Sitzungen in Abwesenheit des Präsidenten leitet. Es sollte aber statutarisch oder reglementarisch zulässig sein, den Stichentscheid nur dem gewählten Präsidenten einzuräumen (BSK-OR-II-Wernli, Art. 713 N 13a).

23-2 In diesem Mustervertrag soll der Vorsitzende keinen Stichentscheid fällen dürfen (zur Problematik des Stichentscheids bei 50:50-Beteiligungen siehe Krneta, Rz 802, und Schluep, S. 490 f.). Die Statuten müssen daher eine entsprechende Bestimmung enthalten. Diese Lösung nimmt zwar Rücksicht auf die Beteiligungsstruktur, hat aber den Nachteil, dass eine Pattsituation das Joint Venture lahmlegen kann. Um dies zu vermeiden, könnte diese Ziff. 23 etwa bestimmen, dass ein unabhängiger Dritter als Verwaltungsratspräsident und fünftes Mitglied des Verwaltungsrats einzusetzen ist, wie dies der Mustervertrag für die Geschäftsleitung analog vorsieht (siehe Ziff. 26 unten; einem solchem VR muss seit Anfang 2008 nicht mehr treuhänderisch je eine Aktie der beiden Parteien überlassen werden, vgl. Art. 707 Abs. 1 OR). Ferner wäre nur diesem Präsidenten, nicht aber dem «Tagespräsidenten», die Befugnis zum Stichentscheid einzuräumen (siehe oben Rz 23-1).

23-3 Als Vizepräsident soll ein Vertreter des anderen Gründers für die gleiche Amtsdauer wie der Präsident amten. Mit zwei Aktienkategorien kann die turnusgemässe Bestellung des Präsidenten und des Vizepräsidenten sichergestellt werden (Zihlmann, S. 324; vgl. auch unten Rz 29-1). Im Organisationsreglement ist vorzusehen, dass der Vizepräsident bei Verhinderung des Präsidenten eine Verwaltungsratssitzung einberufen kann (Vischer/Endrass, S. 406 Rz 9, mit Formulierungsvorschlag). Damit ist insbesondere sichergestellt, dass ein Gründer bei Pattsituationen in der Generalversammlung die Einberufung einer Verwaltungsratssitzung betreffend Einladung zur dritten Generalversammlung gemäss Ziff. 34 verhindern kann. Den Verwaltungsräten der anderen Partei stünde in einem solchen Fall auch eine Leistungsklage gegen die Gesellschaft auf Einberufung einer Verwaltungsratssitzung zu (BSK-OR-II-Wernli, Art. 715 N 7). Es ist auch möglich, allen Mitgliedern das Recht einzuräumen, eine Sitzung einzuberufen (Vischer/Endrass, S. 406, Rz 10, mit Formulierungsvorschlag).

23-4 Neben den vom Gesetz vorgesehenen Aufgaben (vgl. Art. 713 ff. OR) können dem Verwaltungsratspräsidenten in den Statuten oder im Organisationsreglement weitere Aufgaben zugewiesen werden (BSK-OR-II-Wernli, Art. 712 N 8).

23-5 Im Organisationsreglement ist eine angemessene Frist zur Einberufung an die Verwaltungsratssitzungen vorzusehen, um zu verhindern, dass eine Partei die Vertreter der anderen Partei «ausschalten» kann (vgl. dazu die Kommentierung in Rz 28-1 unten). Ferner empfiehlt es sich, im Organisationsreglement einen Sitzungsrhythmus festzusetzen (vgl. Staudenmeyer, S. 217 ff.).

24. Bei Gründung der Gesellschaft wählen die Parteien folgende Verwaltungsräte:

a) als Vertreter von X: – [Name], Präsidenten, und
 – [Name];

b) als Vertreter von Y: – [Name], Vizepräsident, und
 – [Name].

24-1 Die Wahl der Verwaltungsräte erfolgt durch die Generalversammlung (Art. 698 Abs. 2 Ziff. 2 OR). Der Präsident des Verwaltungsrats wird zwar von Gesetzes wegen vom Verwaltungsrat gewählt (Art. 712 Abs. 1 OR), aber die Statuten können vorsehen, dass die Generalversammlung Wahlorgan ist (Art. 712 Abs. 2 OR). Vorliegend müssten die Statuten somit eine entsprechende Bestimmung enthalten.

24-2 Zur Pflicht der Parteien, die von der anderen Partei vorgeschlagenen Verwaltungsräte zu wählen, siehe Ziff. 29 Abs. 2 (zum Ablehnungsrecht siehe Ziff. 30).

C. *Geschäftsleitung*

25. Der Verwaltungsrat überträgt das Tagesgeschäft nach Massgabe des Organisationsreglements *(Anhang 7)* auf die Geschäftsleitung. Die Geschäftsleitung besteht aus fünf Mitgliedern, die nicht gleichzeitig Verwaltungsräte sein dürfen.

25-1 Um bei Abstimmungen in der Geschäftsleitung eine Stimmengleichheit zu verhindern, soll die Geschäftsleitung in diesem Beispiel aus fünf Mitgliedern bestehen. Aufgrund von Ziff. 26 Abs. 2 muss der Verwaltungsrat als Vorsitzenden der Geschäftsleitung (CEO) einen von beiden Parteien unabhängigen Dritten wählen.

26. [1] Als erste Mitglieder der Geschäftsleitung sind folgende Personen für nachstehende Funktionen vorgesehen:

a) [unabhängiger Dritter]: Vorsitzender;
b) [von X bestimmte Person]: Finanzen und Administration;
c) [von X bestimmte Person]: Vertrieb und Marketing;
d) [von Y bestimmte Person]: Forschung und Entwicklung;
e) [von Y bestimmte Person]: Produktion.

[2] Als Vorsitzender der Geschäftsleitung ist nur eine von beiden Parteien unabhängige und unparteiische Persönlichkeit wählbar.

26-1 Zur Pflicht der Verwaltungsräte jeder Partei, die von der anderen Partei vorgeschlagenen Geschäftsleitungsmitglieder sowie den Vorsitzenden der Geschäftsleitung zu wählen, siehe Ziff. 29 Abs. 2 (zum Ablehnungsrecht siehe Ziff. 30).

D. *Gemeinsame Bestimmungen*

27. Die Verwaltungsräte und die Geschäftsleitungsmitglieder zeichnen kollektiv zu zweien.

27-1 Als Variante könnte vorgesehen werden, dass die Verwaltungsräte nur zusammen mit einem Verwaltungsrat der anderen Partei unterzeichnen bzw. dass die parteibenannten Geschäftsleitungsmitglieder nur zusammen mit dem unabhängigen Vorsitzenden der Geschäftsleitung zeichnen dürfen. Zu beachten ist, dass eine solche Regelung nicht die Vorteile der positiven Publizitätswirkung des Handelsregisters geniesst (Art. 933 Abs. 1 OR).

28. Bei einer Pattsituation in einer Versammlung bzw. Sitzung sind Ziff. 33 ff. unten anwendbar.

28-1 Bei 50:50-Joint-Ventures herrscht de facto das *Einstimmigkeitsprinzip*. Mit einem *Präsenzquorum* (der Anwesenheit sämtlicher Vertreter der Parteien) könnte verhindert werden, dass die eine Partei die Vertreter der anderen Partei in der Generalversammlung bzw. im Verwaltungsrat ausbootet (Krneta, Rz 771). Dieses Ziel ist aber auch mit angemessenen Einberufungsfristen (üblicherweise mindestens zehn Tage für den VR) zu erreichen (Tschäni, M&A, 7. Kap. Rz 97). Bei der *Generalversammlung* ist dieses Problem ohnehin weniger akut als beim Verwaltungsrat; denn erstens können die Parteien für die Teilnahme an der Generalversammlung irgendeinen Vertreter bestimmen und zweitens finden bei 50:50-Joint-Ventures häufig Universalversammlungen statt, bei denen beide Aktionäre vertreten sein müssen (Art. 701 Abs. 1 OR). Dieses Problem stellt sich deshalb primär beim Verwaltungsrat. Damit eine Partei den *Verwaltungsrat* nicht durch ihr Fernbleiben blockieren kann, ist von Anwesenheitsquoren eher abzuraten (Tschäni, M&A, 7. Kap. Rz 97; Brechbühl/Emch, S. 275). Zudem ist in der Lehre umstritten, ob Präsenzquoren, die über eine Zweidrittelpräsenz hinausgehen, zulässig sind (pro: Forstmoser et al., § 31 Rz 25; Tschäni, M&A, 7. Kap. Rz 97 Fn 95; contra: Böckli, Aktienrecht, § 13 Rz 122; BSK-OR-II-Wernli, Art. 713 N 7 [stellt auf die Umstände des Einzelfalls, wie Grösse der Gesellschaft und des Verwaltungsrats oder Wohnort der Mitglieder ab]). Ebenfalls fraglich ist, ob die häufig getroffene Regelung, wonach bestimmte Verwaltungsräte bei der Beschlussfassung anwesend sein müssen, zulässig ist (BSK-OR-II-Wernli, Art. 713 N 7). Zwar dürfen die Parteien solche Regelungen in die Grundvereinbarung aufnehmen, aber dagegen verstossende Beschlüsse sind trotzdem gesellschaftsrechtlich rechtmässig zustande gekommen. Der anderen Partei verbleibt dann nur die Geltendmachung der Konventionalstrafe nach Ziff. 45.

28-2 Für die *Geschäftsleitung* sind keine entsprechenden Vorkehrungen zu treffen, weil sie aus einer ungeraden Anzahl Mitgliedern zusammengesetzt ist und davon ausgegangen wird, dass sie vollamtlich tätig sind (vgl. Ziff. 25 f.).

28-3 Zu den verschiedenen Mechanismen zur Lösung von Pattsituationen siehe die Kommentierung zu Ziff. 33 ff.

E. *Stimmrechtsausübung und Informationsrechte*

29. ¹ Die Parteien müssen ihre Stimmrechte ihm Rahmen des gesetzlich Zulässigen so ausüben, dass sich die Gesellschaft stets an die Bestimmungen dieses Vertrags und seiner Anhänge (in der jeweils aktuellen Fassung) sowie deren Sinn und Zweck hält. Die Parteien haben die von ihnen als Organe der Gesellschaft delegierten Personen entsprechend anzuweisen.

² Die Parteien sind insbesondere verpflichtet,

a) in der Gründungsversammlung die Gründungsurkunde gemäss *Anhang 3* zu unterzeichnen;

b) ihre Verwaltungsräte anzuweisen, so rasch wie möglich
   aa) ihre Wahlannahmeerklärungen abzugeben und dem Beschluss des Verwaltungsrats über seine Konstituierung und die Erteilung seiner Zeichnungsberechtigungen zuzustimmen *(Anhänge 6a und 6b)*,
   bb) das Organisationsreglement gemäss *Anhang 7* zu verabschieden sowie
   cc) die ersten Mitglieder der Geschäftsleitung gemäss Ziff. 26 oben zu wählen und ihnen Kollektivunterschrift zu zweien zu erteilen;

c) in den Generalversammlungen der Neu- bzw. Wiederwahl der von der anderen Partei vorgeschlagenen Verwaltungsräte zuzustimmen, sofern nicht zwingende Gründe gemäss Ziff. 30 unten dagegen sprechen; und

d) ihre Verwaltungsräte anzuweisen,
   aa) der Ersetzung von Geschäftsleitungsmitgliedern der anderen Partei zuzustimmen, sofern nicht zwingende Gründe gemäss Ziff. 30 unten dagegen sprechen, und
   bb) bei einer Veräusserung aller ihrer Aktien an die andere Partei oder an einen Dritten umgehend schriftlich ihren Rücktritt aus dem Verwaltungsrat zu erklären.

29-1 Diese Klausel präzisiert die allgemeine Treuepflicht gemäss Ziff. 36 f. hinsichtlich der Pflichten der Vertreter der Parteien, in der Generalversammlung und in Verwaltungsratssitzungen die von den Parteien gefassten Entscheide umzusetzen und die von der anderen Partei in den Verwaltungsrat und die Geschäftsleitung vorgeschlagenen Personen zu wählen. Anders als im Mustervertrag vorgesehen (Ziff. 24 i.V.m. Anhang 3), könnte der Verwaltungsratspräsident auch von der Generalversammlung bestimmt werden (Art. 712 Abs. 2 OR; siehe Rz 24-1). Damit die Verwaltungsräte der Parteien tatsächlich bestellt werden, könnten die Parteien auch zwei Aktienkategorien schaffen (vgl. Art. 709 OR; dazu Tschäni, M&A, 7. Kap. Rz 86).

29-2 Die *Verwaltungsräte* der Joint-Venture-Gesellschaft haben sich nach dieser Bestimmung an die Weisungen des sie entsendenden Gründers zu halten. Damit stehen sie im Clinch zwischen der Wahrung der Interessen der Joint-Venture-Gesellschaft und derjenigen der Gründer. Aufgrund des in Art. 716a und 716b OR verankerten *Paritätsprinzips* kommen dem Verwaltungsrat gewisse unentziehbare und unübertragbare Aufgaben zu (die GmbH ist diesbezüglich flexibler, vgl. Art. 810 f. OR). Deshalb sind die Verwaltungsräte an die Bestimmungen in der Grundvereinbarung nicht gebunden. Das Organisationsreglement darf daher die Grundvereinbarung nicht zu ihrem Bestandteil erklären. Weisungen des Gründers, der sie bestellt hat, dürfen Verwaltungsräte nur dann befolgen, wenn bei ihrem Entscheid ein Ermessen besteht. Bei Konflikten zwischen den Interessen des sie entsendenden Gründers und der Joint-Venture-Gesellschaft müssen sie letzteren den Vorzug geben (BÖCKLI, Aktienrecht, § 13 Rz 622). Nach dem Vorschlag von TSCHÄNI soll dieses Konfliktpotenzial durch die Aufnahme des folgenden Zweckartikels in die Statuten vermindert werden: «Die Gesellschaft ist ein Gemeinschaftsunternehmen (Joint Venture) und bezweckt die Verfolgung des Joint-Venture-Geschäfts, wie von den Gründern definiert» (siehe dazu auch Rz 2-2 oben; zum Ganzen TSCHÄNI, M&A, 7. Kap. Rz 24 ff.; siehe auch HUBER, Vertragsgestaltung, S. 27 ff.).

29-3 Vgl. im Übrigen auch die Kommentierung zu Ziff. 36.

30. Als zwingende Gründe, welche die Nichtwahl oder die Absetzung bzw. Entlassung von Verwaltungsräten und Geschäftsleitungsmitgliedern rechtfertigen, gelten ausschliesslich:

   a) ernsthafte und bleibende gesundheitliche Probleme, welche die betreffende Person ganz oder teilweise hindern, den Verpflichtungen und Anforderungen, die ihre Funktion erfordert, nachzukommen;

   b) offensichtliche Misswirtschaft oder anhaltende Erfolglosigkeit; oder

   c) mangelnde fachliche Kompetenz und Erfahrung.

30-1 Die Gründer sollten Verwaltungsräte oder Geschäftsleitungsmitglieder des anderen grundsätzlich nur aus wichtigen Gründen ablehnen können. Damit ist diese Klausel strenger als eine blosse Sympathieklausel, gemäss der ein Gründer einen Vertreter des anderen Gründers ablehnen bzw. dessen Abberufung verlangen kann, wenn er nach eigenem Bekunden das Vertrauen in diesen verloren hat. Eine solche Regel wäre gefährlich für einen Gründer, der nicht über genügend Managementressourcen verfügt (vgl. SCHULTE/POHL, Rz 549).

31. Die Parteien haben jederzeit Einsicht in sämtliche Unterlagen, welche die Gesellschaft betreffen; sie können sich jederzeit über den Gang der Gesellschaftsangelegenheiten in den Geschäftsbereichen unterrichten lassen, für welche die andere Partei zuständig ist. Vorbehalten bleiben das Recht Dritter (inklusive der Arbeitnehmer der Gesellschaft) auf vertrauliche Behandlung der sie betreffenden Informationen.

31-1 Siehe dazu die Kommentierung in Rz 32-1 ff. unten.

32. Die Verwaltungsräte, die Geschäftsleitungsmitglieder, die Arbeitnehmer und die Berater der Gesellschaft sind den Parteien gegenüber nicht zur Wahrung der Geschäftsgeheimnisse der Gesellschaft verpflichtet.

32-1 Ein Joint Venture bedingt, dass die Grundvereinbarung den Gründern umfassende Informationsrechte einräumt (Huber, Vertragsgestaltung, S. 32 f.).

32-2 Ziff. 31 und 32 beziehen sich insbesondere auf die Geschäftsgeheimnisse der Joint-Venture-Gesellschaft. Diese sind den Gründern in Abweichung von Art. 697 Abs. 2 und 3 OR in allen Fällen offenzulegen. Der Informationsaustausch zwischen den Gründern und dem Verwaltungsrat bzw. ihren Verwaltungsräten dürfte mit Ausnahme von Interessenkonflikten zulässig sein (Forstmoser et al., § 28 Rz 46 f.; Tschäni, M&A, 7. Kap. Rz 29). Diese Klausel dient primär der Entlastung der aufgeführten Personen.

32-3 Die Offenbarung geheimer Informationen des Joint Ventures an Dritte wird durch die Geheimhaltungsklauseln verhindert (Ziff. 40 f.).

V. Lösung von Pattsituationen

33. [1] Falls über ein gehörig traktandiertes Geschäft der Generalversammlung oder des Verwaltungsrats der Gesellschaft in einer Versammlung bzw. Sitzung oder auf dem Zirkularweg kein Beschluss zustande kommt, findet innert [fünfzehn (15)] Tagen eine zweite (Universal-)Versammlung bzw. Sitzung statt.

[2] Der Verwaltungsrat kann über dieses Geschäft nicht erneut auf dem Zirkularweg beschliessen. In diesen Fällen findet die Verwaltungsratssitzung spätestens [zwanzig (20)] Tage ab Unterzeichnung des Verwaltungsratsbeschlusses durch den ersten Verwaltungsrat statt.

[3] Gelingt es ein zweites Mal nicht, einen vertrags- und statutengemässen Beschluss zu fassen, sind Ziff. 34 und 35 unten anwendbar [*bei Wahl der Varianten 1 und 2 zu Ziff. 34:* (...), *ist Ziff. 34 unten anwendbar*].

V. Lösung von Pattsituationen

33-1 Bei 50:50-Joint-Ventures besteht naturgemäss ein Zwang zum Konsens. Um Pattsituationen in den Organen der Gesellschaft zu vermeiden bzw. zu lösen, kommen beispielsweise folgende Konfliktlösungsmechanismen in Frage:
- Stichentscheid (Casting Vote) des Vorsitzenden des Verwaltungsrats (vgl. Art. 713 Abs. 1 OR) bzw. der Generalversammlung (zur Zulässigkeit siehe Böckli, Aktienrecht, § 12 Rz 358 f.; BSK-OR-II-Dubs/Truffer, Art. 703 N 12; zur Problematik des Stichentscheids siehe u.a. Koehler, S. 288);
- Wahl eines neutralen Verwaltungsrats bzw. Geschäftsleitungsmitglieds;
- Ernennung eines Schiedsmanns nach entstandener Uneinigkeit der Parteien;
- Entscheidung durch Los;
- Entscheidfindung durch höhere Instanz bei Uneinigkeiten in der Geschäftsleitung oder im Verwaltungsrat;
- sog. Deadlock-Devices, die zum Ausscheiden eines Gründers führen (sog. Shoot-out).

Für ausführliche Erörterungen zu dieser Problematik siehe Schulte/Pohl, Rz 661 ff. u. Rz 766 ff.; Schulte et al., S. 301 ff.; Hewitt, Rz 10-01 ff.; Oertle, S. 76 ff.; Huber, Vertragsgestaltung, S. 30 ff.; Tschäni, M&A, 7. Kap. Rz 41 ff.; von der Crone, S. 40 ff.; Koehler, S. 284 ff.; Peyer, S. 83 ff.

33-2 Können sich die Vertreter der Parteien in einer ersten Generalversammlung bzw. Verwaltungsratssitzung nicht einigen, müssen sie ein zweites Mal über das umstrittene Geschäft befinden. In den meisten Fällen sollte dann ein Entscheid getroffen werden können. Es ist zu hoffen, dass das ansonsten drohende Verfahren zur Problemlösung seine abschreckende Wirkung entfaltet. Zudem würde das Joint Venture für einige Zeit lahmgelegt.

33-3 Zur Statuierung von *Anwesenheitserfordernissen* siehe die Kommentierung in Rz 28-1 f.

33-4 Grundsätzlich muss zu Generalversammlungen spätestens zwanzig Tage vor dem Versammlungstermin eingeladen werden (Art. 700 Abs. 1 OR). Bei Zweipersonen-Joint-Ventures dürften jedoch Universalversammlungen die Regel sein, für welche die Einberufungsvorschriften, inkl. Einladungsfrist, nicht gelten (Art. 701 OR). Boykotiert der Vertreter der einen Partei eine Universalversammlung, gilt dies als Nichtzustandekommen der zweiten «Einigungsrunde».

33-5 Möglich wäre auch, *Stimmrechtsversammlungen (Poolversammlungen)* vor einer Generalversammlung einzuführen und ein Patt in einer solchen Versammlung in einer zweiten Poolversammlung zu lösen versuchen. Ein drittes Mal wäre dann in der effektiven Generalversammlung zu beschliessen. Solche vorgängigen Poolversammlungen sind indessen nicht mehr häufig anzutreffen (Tschäni, M&A, 7. Kap. Rz 39; für Musterklauseln siehe Druey, S. 32, und Hensch/Staub, S. 1174 f.).

34. ¹ Kommt erneut kein Beschluss zustande, kann jede Partei die Angelegenheit innerhalb von [fünf (5)] Tagen nach der zweiten Versammlung bzw. Sitzung den Vorsitzenden der Geschäftsleitungen der Parteien durch schriftliche Mitteilung zur Entscheidung unterbreiten.

² Sollte das fragliche Organ der Gesellschaft nicht innerhalb von [zwanzig (20)] Tagen nach der zweiten Versammlung bzw. Sitzung einen Beschluss fassen, so kann jede Partei die andere in Grundsatzfragen gemäss Definition in Abs. 4 dieser Ziff. 34 durch schriftliche Mitteilung darüber informieren, dass sie das Verfahren gemäss Ziff. 35 einleiten wird *[Variante: (...) informieren, dass diese Angelegenheit durch ein Mediationsverfahren gemäss (...) (für den weiteren Wortlaut siehe Variante 2 zu dieser Ziff. 34)]*.

³ In allen anderen Fällen als den Grundsatzfragen entscheidet das Los in einer dritten Versammlung bzw. Sitzung. Der Losentscheid ist durch das fragliche Organ umzusetzen. Diese Versammlung bzw. Sitzung findet spätestens [zehn (10)] Tage nach der zweiten Versammlung bzw. Sitzung statt.

⁴ Als Grundsatzfragen gelten Beschlussfassungen über folgende Geschäfte:
a) nicht im Businessplan vorgesehene Kapitalerhöhungen;
b) Fusion, Spaltung oder Auflösung der Gesellschaft;
c) Änderung der im Businessplan *(Anhang 1)* festgelegten Unternehmensstrategie;
d) Abschluss oder Kündigung wesentlicher Verträge;
e) Verkauf und Belastung von Aktiven, die den Betrag von CHF [Betrag] übersteigen;
f) Forderungsverzichte über mehr als CHF [Betrag];
g) einmalige Investitionen, die den Betrag von CHF [Betrag] übersteigen;
h) jährlich wiederkehrende Verpflichtungen in der Höhe von über CHF [Betrag];
i) Einleitung von Prozessen mit einem Streitwert von über CHF [Betrag]; und
j) [...].

V. Lösung von Pattsituationen

Variante 1:

34. Jede Partei kann die Angelegenheit innerhalb von [fünf (5)] Tagen nach der zweiten Versammlung bzw. Sitzung den Vorsitzenden der Geschäftsleitungen der Parteien durch schriftliche Mitteilung zur Entscheidung unterbreiten. Sollte das fragliche Organ der Gesellschaft nicht innerhalb von [zehn (10)] Tagen nach der zweiten Versammlung bzw. Sitzung einen Beschluss fassen, so entscheidet das Los. Dessen Entscheid ist durch das fragliche Organ umzusetzen.

Variante 2:

34. ¹ Jede Partei kann die Angelegenheit innerhalb von [fünf (5)] Tagen nach der zweiten Versammlung bzw. Sitzung den Vorsitzenden der Geschäftsleitungen der Parteien durch schriftliche Mitteilung zur Entscheidung unterbreiten. Sollte das fragliche Organ der Gesellschaft nicht innerhalb von [zehn (10)] Tagen nach der zweiten Versammlung bzw. Sitzung einen Beschluss fassen, so ist diese Auseinandersetzung durch ein Mediationsverfahren gemäss der Schweizerischen Mediationsordnung für Wirtschaftskonflikte der Schweizerischen Handelskammern zu regeln. Es gilt die zur Zeit der Zustellung der Einleitungsanzeige in Kraft stehende Fassung der Mediationsordnung.

² Der Sitz des Mediationsverfahrens ist [Ort in der Schweiz, es sei denn, die Parteien einigten sich auf einen Sitz im Ausland]; Sitzungen können auch in [Ort] abgehalten werden. Die Sprache des Mediationsverfahrens ist [Sprache].

³ Falls die Streitigkeiten, Meinungsverschiedenheiten oder Ansprüche nicht innerhalb von [sechzig (60)] Tagen nach der Bestätigung oder Ernennung des/der Mediators/Mediatoren durch die Kammern vollständig durch das Mediationsverfahren gelöst werden können, so entscheidet das Los.

⁴ Das fragliche Organ der Gesellschaft setzt die vereinbarte Lösung bzw. den Losentscheid um.

34-1 Hat das fragliche Organ auch ein zweites Mal keine Lösung finden können, ist das Geschäft gemäss der *Hauptvariante* den CEO der Parteien zur Entscheidung zu unterbreiten. Deren Entscheid hat das entsprechende Organ umzusetzen (vgl. Ziff. 34 Abs. 2 sowie Ziff. 29 und 36). Können sich auch die CEO nicht einigen, ist wie folgt vorzugehen:

– Bei Beschlüssen über *weniger wichtige Fragen* (Beschlüsse, die keine Grundsatzfragen gemäss Ziff. 34 Abs. 4 sind) entscheidet das Los

(Ziff. 34 Abs. 3). Insbesondere die drohende Entscheidung durch das Los könnte eine einigende Wirkung auf die Organvertreter entfalten. Die Überlassung des Entscheids an den Zufall ist deshalb von vornherein keine minderwertige Lösung (DRUEY, S. 32, unter Verweis auf Art. 611 Abs. 3 ZGB).

Hingegen würde es in der hier gewählten Konstellation wenig Sinn machen, dem Vizepräsidenten in der dritten Generalversammlung bzw. dem Verwaltungsratspräsidenten in der dritten VR-Sitzung den Stichentscheid zu gewähren, den er sonst nicht hat (vgl. Rz 21-1 bzw. Ziff. 23 Abs. 1), weil dann die eine Partei ihren Anspruch durchsetzen kann und die vorhergehenden Einigungsrunden (vgl. Ziff. 33) zur Farce würden. Die Einräumung des Stichentscheids in den Statuten erst für den Entscheid in der dritten Versammlung bzw. Sitzung sollte meines Erachtens aber zulässig sein, weil dadurch ein die Gesellschaft lahmlegendes Patt überwunden wird (vgl. die Musterklausel bei BÖSIGER, S. 15).

- Bei Beschlüssen über *Grundsatzfragen* gemäss Ziff. 34 Abs. 4 kann jede Partei das Verfahren zur Auflösung von Patt-Situationen gemäss Ziff. 35 einleiten (Ziff. 34 Abs. 2). Die Grundsatzfragen sind sehr sorgfältig zu definieren.

34-2 Auch in den beiden *Varianten* haben zuerst die CEO eine Lösung herbeizuführen. Falls das nicht gelingt, soll direkt das Los entscheiden oder ein Mediationsverfahren durchgeführt werden.

35. *Variante 1 (russisches Roulette):*

¹ Wird die Patt-Situation auch nicht innerhalb von weiteren [zehn (10)] Tagen nach Erhalt der Mitteilung gemäss Ziff. 34 Abs. 2 oben behoben, kann jede Partei (nachfolgend «Offertstellerin») innerhalb von weiteren [zwanzig (20)] Tagen der anderen Partei (nachfolgend «Wahlberechtigte») schriftlich und unter Hinweis auf deren Wahlrecht gemäss Abs. 2 dieser Bestimmung einen Preis für die Übernahme der Aktien der Gesellschaft nennen.

² Die Wahlberechtigte hat innerhalb von [dreissig (30)] Tagen nach Erhalt dieser Mitteilung schriftlich zu erklären, ob sie zum angebotenen Preis die Aktien der Offertstellerin kaufen oder ihre Aktien an die Offertstellerin verkaufen will. Unterlässt sie dies, so steht das Wahlrecht der Offertstellerin zu, die innert weiteren [dreissig (30)] Tagen davon Gebrauch machen muss [*Variante 1:* Stillschweigen gilt als Zustimmung zum Kauf der Aktien der Wahlberechtigten / *Variante 2:* Stillschweigen gilt als Zustimmung zum Verkauf ihrer Aktien an die Offertstellerin].

³ Massgebend für die Fristwahrung und die Verteilung der Rollen in diesem Verfahren ist jeweils der Poststempel. Falls sich die Offerten kreuzen, d.h. gemäss dem Poststempel vom gleichen Tag datieren, muss in Abweichung von Abs. 2 dieser Bestimmung diejenige Partei die Aktien der anderen Partei kaufen, die das höhere Angebot gemacht hat. [*Variante zu diesem Absatz:* In Abweichung von Ziff. 84 unten hat die Mitteilung gemäss Abs. 1 dieser Bestimmung mittels «PrivaSphere Secure Messaging» (www.privasphere.com), IncaMail (www.incamail.ch) oder einem anderen vertrauenswürdigen Anbieter eingeschriebener E-Mails oder per Kurier zu erfolgen. Massgebend für die Fristwahrung und Verteilung der Rollen in diesem Verfahren sind das Datum und die Uhrzeit der E-Mails bzw. der Mitteilungen an den Kurier.]

⁴ Der Kauf ist innerhalb von [sechzig (60)] Tagen nach Abgabe der Erklärung der Wahlberechtigten bzw. der Erklärung der Offertstellerin betreffend Ausübung des Wahlrechts gemäss Abs. 2 dieser Ziff. 35 unter Beachtung von Ziff. 75 und 76 unten zu vollziehen.

35-1 Sämtliche *Deadlock-Devices* (Shoot-out-Procedures) in Ziff. 35 haben gemeinsam, dass sie einen Konflikt zwischen den Parteien wegen ihrer abschreckenden Wirkung lediglich – aber immerhin – indirekt lösen helfen können. Bleibt der Zwist bestehen, führen die hier vorgeschlagenen Mechanismen zum Ausscheiden eines Partners oder zur Liquidation der Gesellschaft (ausführlicher zu all diesen Verfahren HEWITT, Rz 10-14 ff.; SCHULTE/POHL, Rz 766 ff.; HUBER, Vertragsgestaltung, S. 50 ff.). Teilweise haben diese Shoot-outs einen aleatorischen Charakter, weil der Ausgang des Verfahrens nicht voraussehbar ist. Der Mustervertrag sieht diese Verfahren deshalb nur bei Uneinigkeit über wichtige Geschäfte (Grundsatzfragen) vor (vgl. Ziff. 34 Abs. 4). Wegen der Nachteile dieser Verfahren ist der Vorschlag von SCHULTE/POHL bedenkenswert, vorab ein Mediationsverfahren durchzuführen (SCHULTE/POHL, Rz 812; für eine Musterklausel eines Mediationsverfahrens vgl. Variante 2 zu Ziff. 34). Es sei an dieser Stelle vermerkt, dass die Vorlagen im Werk von HEWITT, S. 804 ff. (Precedent 19), als Ausgangsbasis für die Gestaltung der Musterklauseln dienten (mit Ausnahme der Final-Offer-/Baseball-«Arbitration»-Klausel).

35-2 Zur Gültigkeit solcher Verfahren siehe MARCHAND, S. 143 (vgl. auch BÖSIGER, S. 15 Fn 43). Alle hier vorgestellten Verfahren sind der Auflösung der Gesellschaft gemäss Art. 736 Ziff. 4 Satz 1 OR bzw. des Ausscheidens eines Partners durch den Richter gestützt auf Art. 736 Ziff. 4 Satz 2 OR vorzuziehen (siehe dazu VON DER CRONE, S. 41 f.). Vgl. auch die von MEIER, S. 216 f., vorgeschlagene Musterklausel (für einen Aktionärbindungsvertrag): «*Ent-

stehen aufgrund der Aktienverteilung in wesentlichen Fragen Pattsituationen, welche Funktionieren und Fortbestand der Gesellschaft ernstlich gefährden, und können diese von den Parteien nicht einvernehmlich beigelegt werden, verpflichten sich die Parteien zu folgendem Vorgehen: Jede Aktionärsgruppe händigt der jeweils anderen Zug um Zug in einem verschlossenen Umschlag ein Kaufangebot für deren Aktien aus. Diejenige Partei, welche der anderen Gruppe für deren Aktienpaket den höheren Preis zu bezahlen bereit ist, erhält den Zuschlag» (Hervorhebung weggelassen).

35-3   Die extremste Variante dieser Verfahren ist das *russische Roulette*. Beide Parteien können dieses Prozedere einleiten, wenn vorangehende Lösungsversuche nichts gefruchtet haben. Beim russischen Roulette muss eine Partei ein Angebot zum Kauf der Anteile der anderen Partei oder zum Verkauf ihrer eigenen Anteile je zum gleichen Preis unterbreiten. Dabei wird angenommen, dass diese Partei wegen des zwingenden Doppelangebots einen fairen Preis festlegen wird. Diese Klausel sollte nur sehr zurückhaltend verwendet werden, insbesondere um zu vermeiden, dass eine Partei dieses Verfahren nur deshalb anstrengt, um die andere – nicht genügend finanzkräftige – Partei auszukaufen. Zudem ist der Ausgang des Verfahrens nicht voraussehbar (zu den Vor- und Nachteilen vgl. insbesondere SCHULTE/POHL, Rz 805 ff.; HEWITT, Rz 10-22 f.). Zu anderen Musterklauseln siehe etwa HEWITT, S. 804 ff. (Precedent 19), MARCHAND, S. 141, LANGEFELD-WIRTH, S. 190, und HUBER, Vertragsgestaltung, S. 50 f.

35-4   Das Prozedere des Verkaufs der Anteile eines Gründers ist im Joint-Venture-Vertrag in allen Details zu regeln (vgl. OERTLE, S. 78 f.), insbesondere das Angebot der Offertstellerin (Verkauf der eigenen Anteile und Kauf der Anteile des Partners zum genannten Preis), die Annahme der Wahlberechtigten und die Übertragungsmodalitäten (vorliegend Ziff. 75 und 76 unten). Denn wenn die Parteien einmal zerstritten sind, dürfte es nur schwer möglich sein, diesbezüglich eine Einigung zu erzielen.

35.   *Variante 2 (Texas-Shoot-out):*

[1] Wird die Pattsituation auch nicht innerhalb von weiteren [zehn (10)] Tagen nach Erhalt der Mitteilung gemäss Ziff. 34 Abs. 2 oben behoben, kann jede Partei (nachfolgend «Offertstellerin») der anderen Partei innerhalb von weiteren [zwanzig (20)] Tagen ein unwiderrufbares Angebot zum Kauf von deren Aktien der Gesellschaft unterbreiten. Der anderen Partei steht dieses Recht danach nicht mehr zu.

[2] Innerhalb von [zwanzig (20)] Tagen kann die andere Partei erklären, ob sie

a) ihre Aktien der Gesellschaft zum von der Offertstellerin festgesetzten Preis verkaufen oder

b) die Aktien der Gesellschaft der Offertstellerin zu einem höheren Preis kaufen will.

³ Entscheidet sie sich für die zweite Möglichkeit und nimmt die Offertstellerin das Angebot nicht innert [zehn (10)] Tagen an, findet eine Versteigerung mit einmaligem Gebot nach folgenden Regeln statt: Mit der Durchführung dieser Versteigerung beauftragen die Parteien gemeinsam eine beiden Seiten genehme natürliche oder juristische Person. Einigen sich die Parteien nicht innert [zwanzig (20)] Tagen über die Wahl der mit der Versteigerung zu beauftragenden Person, so kann jede Partei beim Präsidenten der Handelskammer [...] deren Bestimmung beantragen.

⁴ Der Versteigerungsleiter setzt beiden Parteien eine Frist von [zwanzig (20)] Tagen an, innert der ein versiegeltes schriftliches Gebot für 50% der Aktien der Gesellschaft bei ihm einzureichen ist. Nach Ablauf der Frist eröffnet der Versteigerungsleiter die Gebote. Die Partei, die das höhere Gebot unterbreitet hat, darf und muss das Paket der Gegenpartei zu dem von ihr gebotenen Preis übernehmen. Bei gleichen Geboten entscheidet das Los. Verzichtet eine Partei innerhalb der Frist auf die Unterbreitung eines Angebots, so erfolgt der Zuschlag an die andere Partei.

⁵ Die Kosten der Versteigerung sind durch die Parteien auf Anordnung des Versteigerungsleiters vorzuschiessen. Der Versteigerungsleiter bestimmt die endgültige Kostentragung [*Variante*: Die Parteien tragen die tatsächlich entstandenen Kosten je zur Hälfte.].

⁶ Der Kauf ist innerhalb von [sechzig (60)] Tagen nach Ausübung der Verkaufserklärung gemäss Abs. 2 lit. a bzw. nach Eröffnung der Gebote gemäss Abs. 4 [*bei Wahl der untenstehenden Variante «mehrstufige Versteigerung»*: (..). bzw. nach Eröffnung des definitiven Gebots (...)] gemäss Ziff. 75 und 76 unten zu vollziehen.

⁷ Massgebend für die Fristwahrung und die Verteilung der Rollen in diesem Verfahren ist jeweils der Poststempel. Falls sich die Offerten kreuzen, ... [*für den weiteren Wortlaut vgl. Variante 1 Abs. 3*].

Variante mehrstufige Versteigerung (Abs. 3 und 4 sind durch folgende Absätze zu ersetzen):

³ Entscheidet sie sich für die zweite Möglichkeit, findet eine Versteigerung mit mehreren Bietrunden nach folgenden Regeln statt: Mit der Durchführung dieser Versteigerung beauftragen die Parteien gemeinsam eine beiden Seiten genehme natürliche oder juristische Person. Einigen sich die Parteien nicht innert [zwanzig (20)] Tagen über die Wahl der mit der Ver-

steigerung zu beauftragenden Person, so kann jede Partei beim Präsidenten der Handelskammer [...] deren Bestimmung beantragen.

⁴ Der Versteigerungsleiter setzt beiden Parteien eine Frist von [dreissig (30)] Tagen an, innert der ein erstes versiegeltes schriftliches Gebot für 50% der Aktien der Gesellschaft bei ihm einzureichen ist. Nach Ablauf der Frist eröffnet der Versteigerungsleiter die Gebote und setzt den Parteien eine neue Frist zwischen [fünf (5) und zehn (10)] Tagen zur schriftlichen Unterbreitung eines höheren Gebots als das bisherige höchste Gebot. Dieses Prozedere wird so lange fortgesetzt, bis keine Erhöhung des höchsten Gebots mehr erfolgt. Die Partei, die das höchste Gebot unterbreitet hat, muss die Aktien der anderen Partei zu diesem Preis übernehmen. Verzichtet eine Partei oder verzichten beide Parteien darauf, fristgemäss ein Gebot zu unterbreiten, so erfolgt der Zuschlag an diejenige Partei, die fristgemäss das höchste Gebot unterbreitet hat.

[Abs. 5–7: Text gemäss Hauptvariante dieser Variante 2 zu Ziff. 35]

35-5   Das *Texas-Shoot-out* ist eine Spielart des russischen Roulettes. Auch dieses Verfahren ist für die finanzkräftigere Partei tendenziell vorteilhafter. Die das Verfahren auslösende Partei unterbreitet hier der anderen Partei das Angebot zum Kauf von deren Aktien unter Angabe des Verkaufspreises. Die andere Partei hat sodann die Wahl, ihre Aktien zu jenem Preis zu verkaufen oder ihre Aktien zu einem höheren Preis an die andere Partei zu verkaufen. Geht die andere Partei auf dieses Angebot nicht ein, findet ein einstufiges Versteigerungsverfahren mit versiegeltem Angebot statt bzw. ein mehrstufiges Versteigerungsverfahren in der Variante (Abs. 3 und 4 der Hauptvariante dieser Klausel beruhen weitgehend auf der Musterklausel von von der Crone, S. 43; zur mehrstufigen Versteigerung siehe die Bemerkungen von Clopath). Siehe u.a. auch die Musterklausel bei Marchand, S. 142 f.

35.   *Variante 3 (direkte Versteigerung):*
¹ Kann die Pattsituation auch nicht innerhalb von weiteren [zwanzig (20)] Tagen nach Erhalt der Mitteilung gemäss Ziff. 34 Abs. 2 oben behoben werden, findet eine Versteigerung mit einmaligem Gebot nach folgenden Regeln statt: Mit der Durchführung dieser ... *[für den weiteren Wortlaut siehe Variante 2 Abs. 3 (ab Satz 2) ff. sowie Abs. 4–6]*.

35-6   In dieser Variante wird direkt zur Versteigerung geschritten. Es kann ein ein- oder ein mehrstufiges Bietverfahren gewählt werden.

35. *Variante 4 (Baseball- bzw. Final-Offer-«Arbitration»):*

[1] Wird die Pattsituation auch nicht innerhalb von weiteren [zehn (10)] Tagen nach Erhalt der Mitteilung gemäss Ziff. 34 Abs. 2 oben behoben, findet ein Final-Offer-/Baseball-Verfahren mit einmalig versiegeltem Gebot nach folgenden Regeln statt: Mit der Durchführung dieses Verfahrens beauftragen die Parteien die Revisionsgesellschaft der Gesellschaft. Falls jene das Mandat ablehnen sollte, wird als Verfahrensleiterin eine vom Präsidenten der [Zürcher] Handelskammer bestimmte national anerkannte Treuhandgesellschaft eingesetzt.

[2] Die Verfahrensleiterin setzt beiden Parteien eine Frist von [zwanzig (20)] Tagen an, innert der ein versiegeltes schriftliches Gebot für 50% der Aktien der Gesellschaft bei ihr einzureichen ist. Die Versteigerungsleiterin darf die Gebote bis zur Eröffnung gemäss Abs. 4 dieser Bestimmung nicht entsiegeln.

[3] Verzichtet eine Partei innerhalb dieser Frist auf die Unterbreitung eines Angebots, so erfolgt der Zuschlag an die andere Partei. Andernfalls bestimmt die Verfahrensleiterin den inneren Wert für 50% der Aktien nach den in der Branche, in der die Gesellschaft tätig ist, anerkannten Unternehmensbewertungsmethoden. Dabei amtet die Verfahrensleiterin als Schiedsgutachterin im Sinne von Art. 189 der schweizerischen Zivilprozessordnung. Die Schiedsgutachterin bestimmt die Verfahrensregeln nach eigenem freiem Ermessen unter Berücksichtigung zwingender Verfahrensgrundsätze des schweizerischen Rechts. Sie legt den inneren Wert der Aktien für beide Parteien verbindlich und endgültig fest.

[4] Die Verfahrensleiterin eröffnet den von ihr bestimmten inneren Wert für 50% der Aktien möglichst innerhalb von vier (4) Wochen seit ihrer Ernennung in Anwesenheit je eines Vertreters der Parteien und entsiegelt anschliessend die Gebote der Parteien. Die Partei, deren Gebot dem von der Verfahrensleiterin bestimmten Betrag am nächsten kommt, muss das Paket der Gegenpartei zu dem von ihr gebotenen Preis übernehmen. Bei gleichen Geboten entscheidet das Los.

[5] Massgebend für die Fristwahrung ist jeweils der Poststempel.

[6] Die voraussichtlichen Kosten dieses Verfahrens, inkl. der Ermittlung des inneren Werts der Aktien, sind von den Parteien auf Anordnung der Verfahrensleiterin je zur Hälfte vorzuschiessen. Die Verfahrensleiterin bestimmt die endgültige Kostentragung [*Variante:* Die Parteien tragen die Kosten je zur Hälfte.].

[7] Der Kauf ist innerhalb von [sechzig (60)] Tagen nach der Eröffnung durch die Verfahrensleiterin gemäss Ziff. 75 und 76 unten zu vollziehen.

3. Kommentierung

35-7 Das Verfahren der *Baseball-Arbitration* (auch *Final-Offer-«Arbitration»* genannt) eignet sich für Streitigkeiten über Geldforderungen, in denen beide Parteien über die nötigen Informationen verfügen, um die Höhe der Forderung bestimmen zu können. Wie es der Name schon sagt, hat dieses Verfahren seinen Ursprung in den Lohnverhandlungen der Baseballspieler in den USA. Beim Baseballverfahren unterbreiten beide Parteien einem unabhängigen Dritten ihr letztes Gebot. Der Dritte bestimmt daraufhin die Höhe der Geldforderung aufgrund der ihm von den Parteien zur Verfügung gestellten Informationen. Diejenige Partei obsiegt, deren Schätzung näher beim Wert des Dritten liegt. Bei Verfahren mit versiegelten Geboten, von denen der Dritte erst nach Eröffnung seines Entscheids erfährt, spricht man von «*Night Baseball*» (zur Baseball-«Arbitration» siehe bspw. die Aufsätze von BORRIS, FOSTER und MITROVIC).

35-8 Der Verfahrensleiter amtet demzufolge nicht als Schiedsrichter, sondern als *Schiedsgutachter* (vgl. zur Abgrenzung Schiedsgerichtsbarkeit-Schiedsgutachten, SCHÖLL, S. 29 ff.). Da die Revisionsstelle in dieser Mustervereinbarung keine Einsicht in die Gebote der Parteien hat, stellt sich das Problem der Unabhängigkeit und Unparteilichkeit nicht (dazu und zur Problematik der Ernennungsbehörde – falls die Revisionsstelle das Mandat ablehnen sollte – siehe Rz 73-2 ff. unten).

35-9 Über dieses Verfahren hat die Schweizer Presse im Jahr 2005 im Zusammenhang mit dem Verkauf der Winterthur International durch die Winterthur Versicherungen (jetzt: AXA Winterthur) an die XL Insurance (Bermuda) Ltd. im Jahr 2001 berichtet. Die Parteien hatten vertraglich vereinbart, dass die Reserven der Winterthur International nach drei Jahren zu überprüfen waren und der Kaufpreis allenfalls entsprechend angepasst werden musste. Über die Höhe der Preisanpassung entstand nach Ablauf der drei Jahre ein Streit, der durch Baseball-«Arbitration» gelöst wurde. Die Winterthur Versicherungen bestimmten ihre Nachzahlung im Verfahren auf USD 541 Mio. und die Käuferin verlangte USD 1,4 Mia. Da die Winterthur Versicherungen mit ihrem Gebot näher beim Wert des Schiedsgutachters lag, obsiegte sie.

35. *Variante 5 (Multi-Choice-Verfahren):*

[1] Wird die Pattsituation auch nicht innerhalb von weiteren [zwanzig (20)] Tagen nach Erhalt der Mitteilung gemäss Ziff. 34 Abs. 2 oben behoben, kann jede Partei (nachfolgend «veräusserungswillige Partei») der anderen Partei anzeigen, dass sie ihre Aktien an der Gesellschaft veräussern möchte. Die Parteien müssen danach über die Aufhebung der Zusammenarbeit nach einer der folgenden Möglichkeiten (oder einer Kombination) verhandeln:

a) Verkauf der Aktien der veräusserungswilligen Partei
- an die andere Partei oder
- an Dritte; oder

b) Verkauf sämtlicher Aktien der Gesellschaft an Dritte.

[2] Falls der Kaufvertrag nicht innerhalb

- von [sechzig (60)] Tagen (im Verhältnis zwischen den Parteien des vorliegenden Vertrags) bzw.
- von [sechs (6)] Monaten (beim Verkauf an Dritte)

seit Erhalt der Mitteilung gemäss Ziff. 34 Abs. 2 oben abgeschlossen und vollzogen wird (im Verhältnis zwischen den Parteien des vorliegenden Vertrags gemäss Kaufvertrag in *Anhang 15* und unter Einhaltung von Ziff. 75 und 76 unten), kann die veräusserungswillige Partei die Auflösung und Liquidation der Gesellschaft verlangen. Die andere Partei ist verpflichtet, dem hierfür erforderlichen öffentlich zu beurkundenden Gesellschafterbeschluss zuzustimmen (Art. 736 Ziff. 2 OR). Verweigert sie ihre Mitwirkung, stellt dies einen wichtigen Grund im Sinne von Art. 736 Ziff. 4 OR dar.

35-10 Beim *Multi-Choice-Verfahren* werden mehrere Möglichkeiten des Auseinandergehens der Gründer miteinander kombiniert. Häufig ist dieses Vorgehen den anderen hier vorgestellten Lösungsmechanismen vorzuziehen. Falls sich die Parteien nicht über den Verkauf der Anteile einigen können, sieht diese Klausel die Auflösung der Gesellschaft vor.

35. *Variante 6 (Deterrent Approach, abschreckender Ansatz):*

¹ Wird die Pattsituation auch nicht innerhalb von weiteren [zwanzig (20)] Tagen nach Erhalt der Mitteilung gemäss Ziff. 34 Abs. 2 oben behoben, kann jede Partei (nachfolgend die «beendigungswillige Partei») schriftlich die Bestimmung des inneren Werts pro Aktie im Verfahren gemäss Ziff. 73 und 74 unten verlangen.

² Innert [dreissig (30)] Tagen seit Mitteilung des inneren Werts hat die andere Partei die Wahl, entweder

a) alle ihre Aktien an die beendigungswillige Partei für [120]% des inneren Werts pro Aktie zu verkaufen oder

b) alle Aktien der beendigungswilligen Partei für [80%] des inneren Werts pro Aktie zu kaufen.

³ Übt die andere Partei ihr Wahlrecht nicht oder nicht fristgemäss aus, gilt dies als Wahl der ersten Möglichkeit (Verkauf an die beendigungswillige Partei).

⁴ Massgebend für die Fristwahrung und die Verteilung der Rollen in diesem Verfahren ist jeweils der Poststempel. Falls sich die Offerten kreuzen, ... *[für den weiteren Wortlaut vgl. Variante 1 Abs. 3].*

⁵ Der Kauf ist innerhalb von [sechzig (60)] Tagen nach Ausübung des Wahlrechts bzw. nach unbenütztem Ablauf der Frist gemäss Abs. 2 dieser Ziff. 35 unter Beachtung von Ziff. 75 und 76 unten zu vollziehen.

35-11 Der *Deterrent Approach* hat den Vorteil, dass die beendigungswillige Partei das Verfahren zur Auflösung des Joint Ventures nicht leichtfertig einleitet, indem sie absichtlich eine Pattsituation herbeiführt. Bei dieser Variante bestimmt ein Schiedsgutachter zuerst den inneren Wert der Aktien. Sobald dieser Wert bestimmt ist, kann die andere Partei, auf eine entsprechende Mitteilung der beendigungswilligen Partei hin, entweder die Aktien der beendigungswilligen Partei zu einem tieferen Preis als den vom Gutachter festgelegten kaufen oder ihre eigene Aktien zu einem höheren Preis an die beendigungswillige Partei verkaufen. Dieses Verfahren ist nebst dem Multi-Choice-Verfahren einer der vorteilhaftesten Mechanismen zur Lösung von Pattsituationen (HEWITT, Rz 10–28).

VI. Allgemeine Treuepflicht

36. Die Parteien sind sowohl als Parteien dieses Vertrags und seiner Anhänge als auch in ihrer Eigenschaft als Gesellschafterinnen und Arbeit- bzw. Auftraggeberinnen der von ihnen in die Organe der Gesellschaft delegierten Personen verpflichtet, alles daran zu setzen, damit der Zweck der Gesellschaft (gemäss Ziff. 2 oben) bestmöglich erreicht wird, soweit das für sie nach Treu und Glauben zumutbar ist. Sie müssen alles unterlassen, was die Interessen der Gesellschaft beeinträchtigt.

36-1 In ihrer Stellung als Aktionäre der Gesellschaft trifft die Gründer gestützt auf Art. 680 Abs. 1 OR keine Treuepflicht (vgl. BSK-OR-II-KURER, Art. 680 N 7 u. 9). Demgegenüber sind die Gesellschafter einer einfachen Gesellschaft gegenüber der Gesellschaft zur Treue verpflichtet (MEIER-HAYOZ/FORSTMOSER, § 3 Rz 17; ausführlich FELLMANN/MÜLLER, Art. 530 N 588 ff. und Art. 536 Rz 10).

36-2 Die allgemeine gesellschaftsrechtliche Treuepflicht sollte an dieser Stelle (aber auch in Ziff. 29 vorne) etwas konkretisiert werden (eingehender zur Treuepflicht bei Joint Ventures HUBER, Vertragsgestaltung, S. 33 ff.). Dies auch wegen der Unsicherheit hinsichtlich der rechtlichen Qualifikation der Grundvereinbarung (siehe vorne S. 3 f.). Siehe auch die Formulierungsvorschläge bei ZIHLMANN, S. 321.

37. Die Parteien müssen die Anhänge dieses Vertrags (Statuten, Organisationsreglement, Lizenz- und Dienstleistungsverträge etc.) anpassen, sofern sie der Umsetzung dieses Vertrags entgegenstehen oder dieser nicht optimal dienen.

37-1 Siehe Kommentierung zu Ziff. 36 oben.

VII. Dividendenpolitik

38. Die Gesellschaft wird keine Gewinne ausschütten, bis sie Reserven im Umfang von [Zahl]% des Aktienkapitals gebildet hat. Wenn diese Quote erreicht ist, wird die Gesellschaft die Erträge, vorbehältlich der gesetzlichen Bestimmungen über die Bildung von Reserven sowie durchschnittlicher Abschreibungen, als Dividenden ausschütten.

3. Kommentierung

> *Variante:*
>
> Unter Berücksichtigung der gesetzlichen Bestimmungen über die Bildung von Reserven und durchschnittlicher Abschreibungen richtet die Gesellschaft möglichst hohe Dividenden an die Parteien aus, sofern ihre Finanzlage dies zulässt und die Entwicklung der Gesellschaft und ein angemessener Selbstfinanzierungsgrad nicht gefährdet werden. Die Gesellschaft soll keine Gewinne horten, die für ihren Betrieb nicht nötig sind.

38-1 Um spätere Streitigkeiten zu vermeiden, empfiehlt es sich, die *Gewinnverteilungspolitik* in der Grundvereinbarung zu regeln (die Hauptvariante basiert auf dem Vorschlag von STUDER, S. 767). Zu beachten sind die zwingenden Bestimmungen über die allgemeine Reserve (Art. 671 OR).

39. Eine Änderung der Gewinnverteilungspolitik bedarf der Zustimmung beider Parteien.

VIII. Geheimhaltung

40. ¹ Die Parteien sind verpflichtet, über alle geheimen Informationen Stillschweigen zu bewahren, die einen Bezug zur Gesellschaft oder zur anderen Partei haben. Sie dürfen diese Informationen nur für die Zwecke der Gesellschaft und nicht für die Verfolgung eigener Interessen verwenden. Geheime Informationen sind namentlich [*evtl. Ergänzung um:* (...) das Bestehen dieses Vertrags, (...)] die Inhalte dieses Vertrags, der Satellitenverträge, der übrigen Anhänge dieses Vertrags und weiterer Verträge zwischen der Gesellschaft und den Parteien sowie alle Geschäfts- und Fabrikationsgeheimnisse, zu denen unter anderem alle Informationen über Kunden und Lieferanten, Geschäftsstrategien und -organisation, das Finanz- und Rechnungswesen, die Forschung und Entwicklung sowie die Produktion gehören.

² Die Geheimhaltungs- und Nichtverwendungspflicht gilt sowohl während der Dauer dieses Vertrags als auch während [fünf (5)] Jahren nach seiner Beendigung. Die Geheimhaltungspflicht gilt nicht bei gesetzlichen Offenlegungspflichten und wenn eine Information ohne Verschulden der offenbarenden Partei öffentlich zugänglich geworden ist.

40-1 Die Gründer sind mit allen Geschäftsgeheimnissen der Joint-Venture-Gesellschaft vertraut (vgl. Kommentierung zu Ziff. 31 f.). Die Grundvereinbarung muss die Gründer daher zur Wahrung sämtlicher Geschäftsgeheimnisse des Joint Ventures verpflichten. Wollen die Gründer ausnahmsweise

VIII. Geheimhaltung

nicht öffentlich bekannt machen, dass es sich bei der Gesellschaft um ein Joint Venture handelt, so müssen sie Abs. 1 dieser Bestimmung um die Variante ergänzen.

40-2 Die *Geheimhaltungsdauer* wird vorliegend auf fünf Jahre nach Vertragsbeendigung beschränkt. Für die anwendbaren Kriterien bei Verzicht auf die Bestimmung der Dauer siehe RITZ, Geheimhaltung, S. 130. Zur kartellrechtlichen Problematik siehe Rz 42-8 ff. unten.

40-3 Auf einen umfassenden Ausnahmekatalog wird hier verzichtet (für ein Muster siehe ROCHAIX, S. 45). Das bedeutet aber nicht, dass neben gesetzlichen Offenlegungspflichten und dem Verlust der Geheimniseigenschaft durch öffentliche Bekanntgabe keine weiteren Ausnahmen bestehen. Im Falle eines Streits über das Bestehen weiterer Ausnahmen müssten die Schiedsrichter bzw. die Richter gemäss Ziff. 89 in diesem Fall durch Auslegung ermitteln, ob weitere Ausnahmen anzuerkennen sind, die Grundvereinbarung mithin Lücken enthält, die sie bejahendenfalls aufgrund des hypothetischen Parteiwillens ergänzen müssen. Um den hypothetischen Parteiwillen festzustellen, hat der Rechtsanwender zu fragen, was die Parteien nach Treu und Glauben (Art. 2 Abs. 1 ZGB) vereinbart hätten, wenn ihnen die offengebliebene Frage bewusst gewesen wäre. Er hat sich dabei an vernünftig und redlich handelnden Vertragspartnern und am Wesen und Zweck des Vertrags zu orientieren (zum Ganzen RITZ, Geheimhaltung, S. 131 ff.). Überdies ist zu berücksichtigen, dass Generalklauseln wie die vorliegende Geheimhaltungsbestimmung wohl restriktiv auszulegen und weitere Ausnahmen ohne expliziten Ausschluss nicht von vornherein auszuschliessen sein dürften. Wenn für die weitere Finanzierung (vgl. Ziff. 17 f.) Investoren oder Kreditgebern die Bilanz der Gesellschaft offenbart werden muss, so kann dies ausdrücklich als Ausnahme von der Geheimhaltungspflicht stipuliert werden (siehe SCHULTE ET AL., S. 102). Meines Erachtens sind die Parteien aufgrund der allgemeinen Treuepflicht (Ziff. 36) zur Offenlegung der Bilanz verpflichtet, weshalb auf eine entsprechende Ausnahme verzichtet werden kann.

40-4 Wie alle anderen Bestimmungen der Grundvereinbarung wird die Einhaltung der Geheimhaltungspflichten durch die Konventionalstrafe (Ziff. 45) gesichert.

41. Die Parteien müssen ihren Mitarbeitern und Beratern sowie denjenigen ihrer Konzerngesellschaften gemäss Definition in Ziff. 43 Abs. 2 unten die gleiche Geheimhaltungs- und Nichtverwendungspflicht auferlegen.

IX. Konkurrenz- und Abwerbeverbot

42. Die Parteien haben während der Dauer dieses Vertrags und während eines Jahres nach seiner Beendigung bzw. dem Ausscheiden einer Partei jegliche Konkurrenzierung der Gesellschaft zu unterlassen, durch die der Zweck der Gesellschaft vereitelt oder beeinträchtigt würde, sei es
   - direkt oder
   - durch Gründung eines Unternehmens oder durch Beteiligung an einem Unternehmen, das ganz oder teilweise die gleichen Leistungen erbringt.

42-1 Das Konkurrenzverbot fliesst aus der allgemeinen Treuepflicht gemäss Ziff. 36 und ist im Recht der einfachen Gesellschaft in Art. 536 OR ausdrücklich festgehalten. Es ergibt sich im Übrigen auch aus der Legaldefinition der einfachen Gesellschaft (FELLMANN/MÜLLER, Art. 536 N 9). Grundsätzlich müsste der Joint-Venture-Vertrag somit nicht um eine Konkurrenzklausel ergänzt werden; trotzdem drängt es sich wegen seiner Wichtigkeit und der Unsicherheiten bezüglich der rechtlichen Qualifikation der Grundvereinbarung auf, in diesem relativ umfangreichen Vertragswerk gerade auch eine so wichtige Bestimmung explizit hervorzuheben. Aber nicht nur deshalb, sondern auch weil die Tragweite des gesetzlichen Konkurrenzverbots im konkreten Fall zu unbestimmt sein kann (FELLMANN/MÜLLER, Art. 536 N 46). Zudem ist ein Konkurrenzverbot wegen der Kartellrechtsproblematik (vgl. Rz 42-4 ff. unten) im Vertrag zu erwähnen und einzugrenzen.

42-2 Sofern sich die Gründer nicht aus dem Tätigkeitsbereich der Joint-Venture-Gesellschaft zurückziehen, müssen die Gründer die Anwendbarkeit von Art. 536 OR ausdrücklich ausschliessen, um weiterhin in diesem Bereich wirtschaften zu können (zur dispositiven Natur der Norm siehe FELLMANN/MÜLLER, Art. 536 N 42). Wegen des Konkurrenzverbots sollten die Gründer und ihre Berater die *Zweckumschreibung* der Joint-Venture-Gesellschaft (Ziff. 2) ganz präzise formulieren, kann doch eine unsorgfältig abgefasste Klausel ungeahnte Konsequenzen für einen Gründer und – bei einem Konzern – für die gesamte Unternehmensgruppe haben.

42-3 Zudem ist zu berücksichtigen, dass das Konkurrenzverbot unter Beachtung der Bedürfnisse des Joint Ventures und der Gründer auch aufgrund von Art. 27 Abs. 2 ZGB in sachlicher, räumlicher und zeitlicher Hinsicht angemessen zu *begrenzen* ist (vgl. allgemein dazu COTTI, N 130 ff.), insbesondere auch, um den kartellrechtlichen Vorgaben zu genügen (zur zeitlichen Begrenzung siehe die Kommentierung zu Ziff. 43 f. unten). Das erfolgt primär durch eine geschickte Formulierung des Gesellschaftszwecks (Ziff. 2).

Gegenüber Art. 536 OR ist die vorliegende Musterklausel sachlich erweitert worden, indem auf die gesetzliche Tatbestandsvoraussetzung des «besonderen Vorteils» verzichtet wurde (vgl. FELLMANN/MÜLLER, Art. 536 N 45).

42-4 Konkurrenzverbote beschränken grundsätzlich den Wettbewerb. Es gibt indessen Wettbewerbsabreden, die den Wettbewerb nicht wesentlich verändern (sog. *Ancilliary Restraints*). Solche Nebenabreden sind *kartellrechtlich* aber nur dann zulässig, wenn sie in räumlicher, sachlicher und zeitlicher Hinsicht für die Verwirklichung des Joint Ventures notwendig sind (ZÄCH, Rz 384 ff.; RUDIN, S. 199 f.). Gemäss Praxis der Weko werden solche Nebenabreden bei der Prüfung des Zusammenschlussvorhabens beurteilt. Das Bundesgericht hat im Zusammenhang mit Unternehmenskäufen entschieden, dass Konkurrenzverbote keine Wettbewerbsabreden i.S.v. Art. 5 KG seien (BGE 124 III 495 ff., 499 f.). Trotzdem hat die Weko an ihrer Praxis festgehalten, solche Nebenabreden bei der Prüfung von Zusammenschlussvorhaben zu untersuchen (vgl. dazu HOFFET, Rz 10.20 und 10.48). Dieses Verfahren kommt allerdings nur dann zum Zuge, wenn die Aufgreifkriterien für die Fusionskontrolle erfüllt sind (Art. 9 Abs. 1 KG; siehe dazu S. 8 oben). Das ist nur bei grösseren Zusammenschlussvorhaben der Fall.

42-5 Den Gründern von Joint Ventures auferlegte Konkurrenzverbote sind typische Ancilliary Restraints, solange sie auf die Dauer der Gesellschafterstellung beschränkt sind. Ein *nachvertragliches Konkurrenzverbot* ist problematisch und sollte, falls nicht überhaupt darauf verzichtet wird, zumindest nach europäischem Kartellrecht nach Möglichkeit zwei Jahre nach Ausscheiden aus der Gesellschaft nicht übersteigen (SCHULTE/POHL, Rz 647). Nach der Bekanntmachung der EU-Kommission «über Einschränkungen des Wettbewerbs, die mit der Durchführung von Unternehmenszusammenschlüssen unmittelbar verbunden und für diese notwendig sind» (ABl. 2005/C 56/03), kann eine Konkurrenzklausel jedoch grundsätzlich nur so lange vereinbart werden, «wie das Gemeinschaftsunternehmen besteht» (Rz 36 der Bekanntmachung). Das heisst, dass Konkurrenzverbote nach dieser Bekanntmachung grundsätzlich enden müssen, sobald das Joint Venture nicht mehr unter der gemeinsamen Kontrolle der Gründer steht (RITTER/BRAUN, S. 643). In aussergewöhnlichen Fallkonstellationen, die von der Bekanntmachung nicht erfasst sind, kann jedoch von den dort festgelegten Grundsätzen abgewichen werden (Rz 5 der Bekanntmachung). Vereinbarungen, die nicht als Nebenabrede zu einem Zusammenschluss angesehen werden, sind nicht per se unzulässig, sondern müssen auf der Grundlage von Art. 81 EGV geprüft werden (Rz 7 der Bekanntmachung; HEWITT, Rz 16-15 a.E.). Eine Prüfung nach Art. 81 EGV entfällt, wenn die De-minimis-Bekanntmachung der Kommission (ABl. 2001/C 368/07) anwendbar ist.

42-6 Das europäische Kartellrecht ist für Joint Ventures mit Sitz in der Schweiz zwar grundsätzlich anwendbar, aber es gilt nur für grosse Zusammenschlüsse (siehe S. 9 oben). Im Hinblick auf eine mögliche Prüfung durch die Weko (vgl. Rz 42-4) kann die EG-Bekanntmachung nur, aber immerhin, als Hilfe bei der Beurteilung von Nebenabreden dienen. Selbst wenn ein Zusammenschlussvorhaben zu klein ist, um der schweizerischen Fusionskontrolle zu unterliegen, sind Art. 5 ff. KG grundsätzlich zu beachten, ausser es handle sich um Abreden mit beschränkter Marktwirkung (vgl. KMU-Bekanntmachung der Weko vom 19. Dezember 2005).

42-7 Da die Gründer wertvolles Know-how des Joint Ventures erhalten, sollte es in speziellen Situationen auch nach der genannten EG-Bekanntmachung zu vertreten sein, ihnen wie im vorliegenden Vertragsmuster zumindest ein einjähriges nachvertragliches Wettbewerbsverbot aufzuerlegen (vgl. RITTER/BRAUN, S. 643 Fn 826). Das bedarf im Einzelfall jedoch einer eingehenden Prüfung.

42-8 Die oben erwähnten Grundsätze gelten gemäss der Bekanntmachung der EU-Kommission auch für *Abwerbeverbote* und *Vertraulichkeitsbestimmungen* (Rz 41 der Bekanntmachung). Bezüglich *Lizenzvereinbarungen* sowie *Bezugs- und Lieferpflichten* siehe Rz 42 ff. der Bekanntmachung.

43. ¹ Den Parteien ist es ferner untersagt, während der Dauer dieses Vertrags und während eines Jahres nach seiner Beendigung bzw. dem Ausscheiden einer Partei Mitarbeiter der Gesellschaft sowie der anderen Partei oder ihrer Konzerngesellschaften abzuwerben oder an Unternehmen gemäss Ziff. 42 oben zu vermitteln.

² Als Konzerngesellschaften einer Partei gelten andere juristische Personen, die eine Partei kontrollieren, von ihr kontrolliert werden oder mit ihr unter gemeinsamer Kontrolle stehen, sei es direkt oder indirekt durch Dazwischenschalten von anderen Gesellschaften. Kontrolle bedeutet eine stimm- oder kapitalmässige Beteiligung von mehr als 50%.

43-1 Gemäss der in Rz 42-5 oben genannten Bekanntmachung der EU-Kommission über Nebenabreden gelten die für Wettbewerbsverbote anwendbaren Grundsätze auch für *Abwerbeverbote* (Rz 41 der Bekanntmachung). Diesbezüglich wird deshalb auf die Ausführungen in Rz 42-4 ff. oben verwiesen.

43-2 Zum Einfluss des europäischen Kartellrechts auf Joint Ventures mit Sitz in der Schweiz siehe S. 9 und Rz 42-6 oben.

44. Das nachvertragliche Konkurrenz- und Abwerbeverbot endet in jedem Fall mit der Löschung der Gesellschaft im Handelsregister.

44-1 Weil Konkurrenz- und Abwerbeverbote beim Untergang der Joint-Venture-Gesellschaft ihre Berechtigung verlieren, müssen sie in diesem Zeitpunkt enden.

X. Sicherung der Vertragserfüllung

45. [1] Verletzt eine Partei wesentliche Pflichten gemäss diesem Vertrag, den Satellitenverträgen oder den übrigen gegenwärtigen und zukünftigen Anhängen zu diesem Vertrag, hat sie der anderen Partei für jede einzelne Verletzungshandlung eine Konventionalstrafe von mindestens CHF [Betrag] zu bezahlen. Dieser Betrag erhöht sich im Verhältnis zur Steigerung des inneren Werts der Aktien der Gesellschaft. Grundlage für diese Berechnung bildet ein angenommener innerer Wert von CHF [Betrag] im Zeitpunkt der Gründung der Gesellschaft. Verdoppelt sich der innere Wert beispielsweise, beträgt die Konventionalstrafe CHF [Betrag].

[2] Der innere Wert der Aktien wird im Streitfall im Verfahren gemäss Ziff. 73 und 74 unten bestimmt.

[3] Die Bezahlung der Konventionalstrafe entbindet nicht von der weiteren Einhaltung des Vertrags sowie seiner Anhänge. Schadenersatzforderungen in voller Höhe bleiben vorbehalten.

45-1 Ansprüche auf Realerfüllung und Schadenersatzansprüche können oft nur schwierig durchgesetzt werden (vgl. zur Realerfüllung TSCHÄNI, M&A, 7. Kap. Rz 100 ff.). Da die Parteien ohnehin an der Einhaltung der vertraglichen Abmachungen interessiert sind, ist bei der Redaktion der Grundvereinbarung darauf zu achten, dass Vertragsverletzungen verhindert oder zumindest erschwert werden. Dabei kommen bei Joint Ventures die gleichen Massnahmen in Betracht wie bei Aktionärbindungsverträgen (dazu OERTLE, S. 115 ff.). Der Mustervertrag sieht zur Sicherung der Vertragserfüllung zwei Instrumente vor: Eine Konventionalstrafe (Art. 160 f. OR) und die Hinterlegung der Aktien (Ziff. 46). Gemäss TSCHÄNI werden Sicherungsmassnahmen bei Joint Ventures indessen immer seltener vereinbart (TSCHÄNI, M&A, 7. Kap. Rz 99).

45-2 Die Musterklausel (beruhend auf der Vorlage von STUDER, S. 775) sieht vor, dass sich die geschuldete Konventionalstrafe bei Wertsteigerungen der Aktien erhöht. Damit ist sichergestellt, dass die Konventionalstrafe auch bei einer erheblichen Wertsteigerung der Joint-Venture-Gesellschaft abschreckend wirkt. Bei der Festsetzung der Konventionalstrafe ist zu beachten, dass das Gericht eine übermässig hohe Konventionalstrafe herabsetzen kann (Art. 163 Abs. 3 OR).

45-3 Damit der vertragstreue Gründer nebst der Konventionalstrafe zusätzlich auf der Erfüllung des Vertrags beharren kann, ist dies ausdrücklich zu regeln (vgl. Art. 160 Abs. 1 OR). Ferner sollten die Gründer die sog. Wandelpön, d.h. die Möglichkeit des Vertragsbrechers nachzuweisen, dass ihm bei Bezahlung der Konventionalstrafe der Vertragsrücktritt frei steht (Art. 160 Abs. 3 OR), ausschliessen. Abs. 3 dieser Bestimmung erfasst beide Punkte.

46. Die Parteien verpflichten sich, alle ihre Aktien der [Firma] gemäss separatem Escrow-Vertrag (*Anhang 16*) blanko indossiert zu übergeben.

Erste Variante bei Wahl der Variante in Ziff. 6 Abs. 2:

Sofern die Gesellschaft Aktien in Form von Wertpapieren oder Zertifikaten ausstellen sollte, sind die Parteien verpflichtet, diese einem Escrow Agent zu übergeben und ihn zu verpflichten, die Aktien nur mit ihrer schriftlichen Zustimmung oder aufgrund eines rechtskräftigen Schiedsspruchs [*bzw. bei Wahl der staatlichen Gerichtsbarkeit gemäss Ziff. 87 unten:* (...) *eines rechtskräftigen Urteils* (...)] einer Partei oder einem Dritten herauszugeben.

Zweite *Variante bei Wahl der Variante in Ziff. 6 Abs. 2:*
[*Kein Escrow-Verhältnis, d.h. Weglassen von Ziff. 46.*]

46-1 Als weiteres Sicherungsmittel sieht der Mustervertrag die gemeinsame «Hinterlegung» der Aktien bei einem Dritten vor (siehe dazu LANG, S. 134 ff.), sofern von Anfang an Aktientitel ausgestellt werden (Ziff. 6 Abs. 2) oder sich die Parteien erst später dazu entschliessen (gemäss Variante in Ziff. 6 Abs. 2). Für ein Muster eines solchen Escrow-Vertrags (Innominatkontrakt bestehend aus Elementen der Hinterlegung und des Auftrags) siehe ISLER, S. 197 ff. (aber für die Sicherung von Gewährleistungsansprüchen beim Unternehmenskauf). Zur Abgrenzung zwischen Escrow-Vertrag und Hinterlegung siehe EISENHUT, S. 56 u. 24 ff. Häufig dürften die Parteien jedoch auf eine solche Sicherheitsmassnahme verzichten (vgl. TSCHÄNI, M&A, 7. Kap. Rz 99).

46-2 Selbst wenn die Gründer ihre *Namenaktien* einem Escrow Agent übergeben, können sie das Eigentum an ihnen immer noch mittels Besitzesanweisung auf einen Dritten übertragen (Art. 924 ZGB; für ein Beispiel aus der Praxis siehe MESSERLI). Um dies zu vermeiden, ist *in den Statuten die Möglichkeit der Übertragung mittels Zession auszuschliessen*; denn Namenaktien werden zusätzlich zur Besitzesübergabe durch Indossament (Art. 684 Abs. 2 OR bzw. Art. 967 Abs. 1 und 2 OR) oder Zession (dazu BGE 90 II 164 ff., 178 f.) übertragen (zum Ganzen siehe Eisenhut, S. 56 ff. u. 201 f.; Hintz-Bühler, S. 132 ff.). Diese Regelung dürfte keine gemäss Art. 985b Abs. 7 OR unerlaubte Erschwerung der Übertragbarkeit darstellen (Hintz-Bühler, S. 135 Fn 585). Anders als Namenaktien bleibt das Eigentum an *Inhaberaktien* trotz Übergabe an einen Escrow Agent weiterhin mittels Besitzesanweisung übertragbar (Hintz-Bühler, S. 134 f.; Fischer, S. 59).

46-3 Anstelle der «Hinterlegung» bei einem Escrow Agent könnten die Parteien an den Aktien auch *Gesamteigentum* begründen (dazu Fischer, S. 60 f. u. 217 ff.) und diese Tatsache auf den Aktientiteln angeben, um den gutgläubigen Erwerb zu verhindern (Oertle, S. 133 f.). Damit werden gewisse Nachteile des Escrow-Verhältnisses vermieden (vgl. die bereits erwähnte Eigentumsübertragung mittels Besitzesanweisung sowie die Möglichkeit der Herausgabe der Aktien durch den Dritten unter Verletzung seiner vertraglichen Pflichten; dazu Oertle, S. 132).

46-4 Zur *pfandrechtlichen Sicherung* von Kaufs-, Vorhand- und Vorkaufsrechten sei auf den Aufsatz von Zobl verwiesen. Meier, S. 219 (Art. 11), schlägt folgende Musterklausel für ein Pfandrecht mit Selbsteintrittsmöglichkeit vor (zu verbinden mit der Hinterlegung der Aktien bei einem Dritten): «*Die Aktien werden von den Parteien als Sicherheit für die von ihnen unter dem vorliegenden Vertrag eingegangenen Verpflichtungen gegenseitig verpfändet. Die Verwertung kann freihändig erfolgen, und die Aktien dürfen dabei auch an die Parteien, welche das Pfandrecht geltend machen, veräussert werden, sofern dies zum von der Revisionsstelle gemäss Ziff. [...] hiervor festgelegten Preis geschieht. Im Falle einer öffentlichen Versteigerung gilt diese Preisbindung für die Parteien nicht*» (Hervorhebung weggelassen). Zum Selbstverkaufs- und Selbsteintrittsrecht siehe BSK-ZGB-II-Bauer, Art. 894 N 11 ff. und Art. 891 N 19 ff. [gemäss Art. 899 Abs. 2 ZGB sind Art. 884 ff. ZGB grundsätzlich anwendbar], sowie Zobl, S. 410 ff.

XI. Vertragsdauer

A. Inkrafttreten

47. Mit Ausnahme der für die Gründung der Gesellschaft gemäss Ziff. 7 oben einschlägigen Bestimmungen steht dieser Vertrag unter der aufschiebenden Bedingung, dass

   a) alle Satellitenverträge gemäss Ziff. 10 oben rechtsgültig abgeschlossen werden; und

   b) [*bei der Grundvariante und der ersten Variante in Ziff. 46:* der Escrow-Vertrag mit dem Escrow Agent gemäss Ziff. 46 oben rechtsgültig abgeschlossen wird]; und

   c) [*bei der ersten Variante gemäss Ziff. 7:* die Bewilligung gemäss Ziff. 7 oben erteilt wird]; und

   d) [*bei der zweiten Variante gemäss Ziff. 7:* die zuständigen Kartellbehörden gemäss Ziff. 7 oben (a) kein Prüfungsverfahren eröffnen, (b) die Zusammenarbeit genehmigen oder freistellen oder (c) die Zusammenarbeit wegen Fristablaufs nicht untersagen können.]

47-1 Es ist vorzukehren, dass der Vertrag nur dann in Kraft tritt, wenn dem Joint Venture nichts mehr im Wege steht, d.h. wenn die Satellitenverträge unterzeichnet sind, die Gesellschaft die betriebsnotwendigen Bewilligungen erhalten hat und die Kooperation kartellrechtlich zulässig ist (falls solche Bewilligungen überhaupt nötig sind). Dafür ist mit einer aufschiebenden Bedingung (Art. 151 ff. OR) zu operieren. In Übereinstimmung mit dieser Regelung ist in Ziff. 7 oben vorgesehen, dass die Gesellschaft erst dann gegründet wird, wenn diese Bewilligungen vorliegen. Von Anfang müssen indessen jene vertraglichen Bestimmungen anwendbar sein, welche die für die Gründung der Gesellschaft erforderlichen Handlungen festlegen.

48. Vorbehältlich von Ziff. 47 oben tritt dieser Vertrag mit Unterzeichnung durch beide Parteien in Kraft.

B. *Ordentliche Vertragsbeendigung*

49. ¹ Dieser Vertrag endigt, sobald eine Partei gemäss seinen Bestimmungen aus der Gesellschaft ausscheidet oder die Gesellschaft im Handelsregister gelöscht wird. Bei Übertragung des Geschäftsanteils auf eine Konzerngesellschaft einer Partei gemäss Ziff. 80 unten gilt dieser Vertrag mit dieser Konzerngesellschaft weiter.

Variante 1:

¹ Dieser Vertrag wird auf unbestimmte Zeit abgeschlossen. Die Parteien können ihn mit einer Kündigungsfrist von [zwölf (12)] Monaten per Ende eines Kalenderjahrs schriftlich kündigen, erstmals jedoch per 31. Dezember [Jahr]. Die Kündigung bedarf keiner Begründung.

Variante 2:

¹ Dieser Vertrag gilt für eine feste Dauer von [zwanzig (20)] Jahren ab Unterzeichnung. Danach erneuert er sich ohne weiteres jeweils um eine neue Periode von [fünf (5)] Jahren, sofern er nicht von einer Partei unter Einhaltung einer Kündigungsfrist von [zwölf (12)] Monaten auf das Ende der Periode von zwanzig Jahren bzw. der jeweils anwendbaren Periode von fünf Jahren schriftlich gekündigt wird.

Bei allen Varianten sodann:

² Ferner können die Parteien diesen Vertrag mit einer Kündigungsfrist von [sechs (6)] Monaten per Ende eines Kalendermonats schriftlich kündigen, wenn

a) der Zweck der Gesellschaft vollständig erreicht worden ist,

b) die Zweckerreichung unmöglich geworden ist oder

c) es sonst angemessen ist, diesen Vertrag zu beenden, insbesondere wenn für den Zweck der Gesellschaft kein relevanter Markt mehr besteht.

Bei Wahl der Hauptvariante zu Abs. 1 zusätzlich:

³ Im Falle der Beendigung dieses Vertrags aus den in Abs. 2 genannten Gründen wird die Gesellschaft aufgelöst.

Bei den Varianten 1 und 2 zu Abs. 1 zusätzlich:

³ Hinsichtlich der Veräusserung der Aktien ist Ziff. 55 unten massgebend.

49-1 Joint Ventures sind auf Dauer angelegt. Befürwortet man die Lehrmeinung, dass die Grundvereinbarung ein *Innominatkontrakt* ist (siehe S. 3 oben), darf sie wie alle anderen Dauerverträge nicht auf unbeschränkte Dauer abgeschlossen werden. Eine gegenteilige Abrede ist nach bundesgerichtlicher

Praxis nicht einfach ungültig, vielmehr hat der Richter die Vertragsdauer dann aufgrund des mutmasslichen Parteiwillens festzusetzen (BGE 107 II 216 ff., 218 f.). Überdies sind solche Verträge kündbar (BGE 97 II 390 ff., 399). Nach REYMOND sollen denn auch die Grundsätze für die Beendigung von Dauerverträgen und nicht die Bestimmungen im Recht der einfachen Gesellschaft anwendbar sein (REYMOND, Contrat, S. 393 f.).

49-2 Qualifiziert man die Grundvereinbarung hingegen als *einfache Gesellschaft* (siehe S. 3 f. oben), ist Art. 546 Abs. 1 OR einschlägig. Nach dieser Vorschrift kann jeder Gesellschafter eine einfache Gesellschaft, die auf unbestimmte Dauer oder auf Lebenszeit eines Gesellschafters abgeschlossen wurde, mit einer Kündigungsfrist von sechs Monaten kündigen. Für Corporate Joint Ventures ist diese kurze Frist äusserst unbefriedigend (TSCHÄNI, M&A, 7. Kap. Rz 62). Das Bundesgericht hat jedoch entschieden, dass Art. 546 Abs. 1 OR dispositiver Natur und dass eine auf die Lebenszeit eines Gesellschafters abgeschlossene Vereinbarung zulässig und nicht mit einer sechsmonatigen Frist kündbar ist, wobei dies nur für natürliche Personen gilt (BGE 106 II 226 ff., 228 ff.; für zwingende Natur noch BGE 90 II 333 ff., 341). Eine auf Lebenszeit einer beteiligten juristischen Person eingegangene einfache Gesellschaft ist demgegenüber wegen der «unendlichen» Dauer unzulässig und damit kündbar (anstatt vieler BSK-OR-II-AMSTUTZ/ SCHLUEP, Einl. vor Art. 184 f. N 454; HUBER, IPR, S. 27 Fn 110, m.w.Verw.; HUBER, Vertragsgestaltung, S. 46; FORSTMOSER, ABV II, S. 390 f.; FORSTMOSER, ABV I, S. 372 f.). Im Rahmen von Art. 27 ZGB kann die Kündigungsmöglichkeit bei einer einfachen Gesellschaft auf unbestimmte Dauer ausgeschlossen werden (BSK-OR-II-STAEHELIN, Art. 545/546 N 24), wobei dies selbstverständlich auch dann gilt, wenn juristische Personen beteiligt sind.

49-3 Um lange Gerichtsverfahren zu vermeiden, ist den Parteien zu raten, die Beendigung der Grundvereinbarung eingehend zu regeln. Für die Grundvereinbarung kommen hauptsächlich die vorgeschlagenen drei Beendigungsklauseln in Betracht (zur Beendigung siehe nebst den nachfolgend zitierten Werken auch OERTLE, S. 175 ff.; HINTZ-BÜHLER, S. 150 ff.; LANG, S. 48 ff.).

49-4 In der *Hauptvariante* gilt die Grundvereinbarung so lange, als die Parteien Aktionäre der Gesellschaft sind. Diese Regelung ist gültig, sofern den Parteien die Möglichkeit eingeräumt wird, aus dem Joint Venture auszuscheiden. Sieht der Vertrag daher angemessene Kündigungsrechte vor, kann nicht von einer übermässigen Bindung gesprochen werden; andernfalls kommt Art. 546 Abs. 1 OR zum Tragen (vgl. TSCHÄNI, M&A, 7. Kap. Rz 61 und 63 ff.; siehe auch FORSTMOSER, ABV II, S. 390, und FORSTMOSER, ABV I, S. 372 [zu Aktionärbindungsverträgen]). Vorliegend sehen Ziff. 35 (Pattsituationen), Ziff. 49 Abs. 2 («ordentliche» Beendigungsgründe; wobei die

Unmöglichkeit der Zweckerreichung zugegebenermassen einen ausserordentlichen Beendigungsgrund darstellt, vgl. Art. 545 Abs. 1 Ziff. 1 OR) und Ziff. 50 (ausserordentliche Beendigungsgründe) Möglichkeiten zum «Ausstieg» aus dem Joint Venture vor. Diese Variante sollte sich daher im Rahmen des rechtlich Zulässigen bewegen. Nicht unproblematisch ist indessen, dass der Mustervertrag fast nur ausserordentliche Beendigungsgründe vorsieht (vgl. OERTLE, S. 184 f., und BSK-OR-II-AMSTUTZ/SCHLUEP, Einl. vor Art. 184 ff. N 454.). Der Sicherheit halber könnte man weitere ordentliche Beendigungsgründe ins Auge fassen oder eine der beiden vorgeschlagenen Varianten wählen.

49-5 *Zur Variante 1:* Diese Variante sieht die Möglichkeit der Kündigung vor, aber erst nach Ablauf einer festen Vertragsdauer. Es kann grundsätzlich davon ausgegangen werden, dass eine feste Vertragsdauer von zwanzig Jahren noch zulässig ist (vgl. BGE 114 II 159 ff., 164; zur Anwendbarkeit von Art. 27 Abs. 2 ZGB siehe HINTZ-BÜHLER, S. 157). Die Verlängerung der sechsmonatigen Kündigungsfrist auf ein Jahr sollte aufgrund der in Rz 49-2 erwähnten bundesgerichtlichen Rechtsprechung statthaft sein (TSCHÄNI, M&A, 7. Kap. Rz 61).

49-6 *Zur Variante 2:* Diese Variante gleicht der Variante 1, ergänzt die feste Vertragsdauer aber um eine *Prolongationsklausel*. Solche Bestimmungen sind zulässig, solange die einzelnen Perioden nicht eine übermässige Bindung bewirken (BGE 114 II 159 ff., 163; HINTZ-BÜHLER, S. 160).

49-7 Unzulässig und durch den Richter korrigierbar wären hingegen Beendigungsklauseln, die an die Dauer des Bestehens der Joint-Venture-Gesellschaft oder an die Dauer des Bestehens der Gründergesellschaften anknüpfen, weil es sich dabei um ein zukünftiges, ungewisses Ereignis handelt (BSK-OR-II-AMSTUTZ/SCHLUEP, Einl. vor Art. 184 ff. N 454; TSCHÄNI, M&A, 7. Kap. Rz 59 f.; OERTLE, S. 185; HUBER, Vertragsgestaltung, S. 46; FORSTMOSER, ABV II, S. 391; FORSTMOSER, ABV I, S. 372 f.).

49-8 *Zu Abs. 3:* Zu regeln sind auch die *Folgen der ordentlichen Beendigung*. Im vorliegenden Mustervertrag bestimmen sich diese bei den *Varianten 1 und 2* zu Ziff. 49 Abs. 1 gemäss Ziff. 55. Grundsätzlich stehen dabei die gleichen Mechanismen wie bei Pattsituationen zur Verfügung (siehe TSCHÄNI, M&A, 7. Kap. Rz 66 und 69).

49-9 Bei der Wahl der *Hauptvariante* in Ziff. 49 Abs. 1 werden die Aktien im Rahmen des Shoot-out-Verfahrens gemäss Ziff. 35 verteilt (bei ausserordentlichen Kündigungen im Verfahren nach Ziff. 50 Abs. 2). Wenn der Vertrag hingegen aus den in Ziff. 49 Abs. 2 genannten Gründen (Zweckerreichung, Unmöglichkeit der Zweckerreichung etc.) endet, bleibt bei der Hauptvariante zu regeln, was mit der Gesellschaft geschehen soll. In dieser Konstellation drängt sich die Auflösung und Liquidation der Gesellschaft auf. Gestützt auf Art. 736 Ziff. 4 OR kann der Richter immer noch auf eine andere sachgemässe und den Parteien zumutbare Lösung erkennen, sollten sich die Parteien darüber nicht einigen können.

C. *Ausserordentliche Vertragsbeendigung*

50. [1] Die Parteien können diesen Vertrag aus wichtigen Gründen jederzeit schriftlich fristlos kündigen. Ein wichtiger Grund liegt insbesondere dann vor, wenn

a) die andere Partei eine wesentliche Pflicht aus diesem Vertrag und seinen Anhängen (Satellitenverträge und Gesellschaftsdokumente, inkl. deren Änderungen und zukünftiger Verträge gemäss Ziff. 12 oben) verletzt und diese Vertragsverletzung trotz schriftlicher Abmahnung nicht innerhalb von [zwanzig (20)] Tagen ab Versand der Mahnung beseitigt;

b) in den Eigentums- oder Stimmrechtsverhältnissen oder der Geschäftsführung der anderen Partei eine wesentliche Änderung eintritt, insbesondere wenn diese unter die Kontrolle einer Person oder Unternehmung gerät, die direkt oder indirekt in Konkurrenz zur kündigenden Partei steht;

c) dieser Vertrag im Rahmen einer Fusion, Auf- oder Abspaltung oder Vermögensübertragung gemäss dem Bundesgesetz über Fusion, Spaltung, Umwandlung und Vermögensübertragung (Fusionsgesetz, FusG) auf einen anderen Rechtsträger übergeht; oder

d) über die andere Partei der Konkurs eröffnet oder ihr die Nachlassstundung gewährt wird.

[2] Der kündigenden Partei steht hinsichtlich der Aktien der anderen Partei das Kaufsrecht gemäss Ziff. 56 und 57 unten zu. Bei Nichtausübung dieses Rechts gilt Ziff. 58 unten.

50-1 Aus wichtigen Gründen müssen die Parteien die Grundvereinbarung ausserordentlich kündigen können. Versteht man die Grundvereinbarung als einfache Gesellschaft, ergibt sich das aus Art. 545 Abs. 2 OR. Bei der Qualifikation als Innominatkontrakt folgt dies aus der allgemeinen Regel, dass Dauerschuldverhältnisse aus wichtigen Gründen kündbar sind (vgl. REYMOND, Contrat, S. 394).

50-2 Bei Joint Ventures kommt es auf die Person der Gründer an. Verändern sich die Eigentumsverhältnisse, insbesondere wenn ein Konkurrent der einen Partei die Mehrheit an der anderen Partei erwirbt, muss erstere den

Vertrag sofort ausserordentlich kündigen können. Dies stellt einen wichtigen Grund zur ausserordentlichen Beendigung gemäss Art. 545 Abs. 2 OR dar (Oertle, S. 186, mit weiteren Beispielen wichtiger Gründe bei Joint Ventures). Das Gleiche gilt nicht nur bei Fusionen, sondern auch bei Auf- und Abspaltungen sowie Vermögensübertragungen gemäss Fusionsgesetz. Nach herrschender Meinung kann auch in den letztgenannten drei Fällen ein vereinbarter Übertragungsausschluss den Vertragsübergang grundsätzlich nicht verhindern. In diesen Fällen ist dem Vertragspartner ein ausserordentliches Kündigungsrecht zuzugestehen (Amstutz/Mabillard, ST N 282 sowie N 269 ff. und 443; Beretta, ZK-FusG, vor Art. 69–77 N 36 ff., 44 ff.; Beretta, Vertragsübertragungen, S. 252 ff.). Im Recht der einfachen Gesellschaft ergibt sich dieses Kündigungsrecht unmittelbar aus Art. 545 Abs. 2 OR. Wegen der Unsicherheit bei der rechtlichen Einordnung der Grundvereinbarung empfiehlt es sich, die hier in Ziff. 50 Abs. 1 lit. b und c vorgeschlagenen Kontrollwechsel- bzw. Änderungsklauseln zu verabreden (siehe auch die Beispiele bei Oertle, S. 188 f.).

50-3   Damit eine Partei, die eine wesentliche Pflicht verletzt hat, daraus keine Vorteile ziehen kann, räumt Abs. 2 dieser Klausel der kündigenden Partei ein *Kaufsrecht* an den Aktien der vertragsbrüchigen Partei ein. Das ist auch in den anderen Beendigungsszenarien gemäss dieser Ziff. 50 eine angemessene Lösung.

D.   *Nachvertragliche Pflichten*

51.   Scheidet eine Partei aus der Gesellschaft aus, ist die andere Partei unabhängig vom Ausscheidungsgrund verpflichtet, den auf die ausgeschiedene Partei hinweisenden Firmenbestandteil mittels Statutenänderung so rasch wie möglich aus der Firma der Gesellschaft zu entfernen und ihn weder in der Firma noch sonst weiter zu verwenden.

51-1   Falls die Firma der Joint-Venture-Gesellschaft einen Firmenbestandteil des ausscheidenden Partners enthält, liegt es auf der Hand, dass die Gesellschaft ihre Firma ändern muss (die Musterklausel lehnt sich an Volhard, S. 627 [§ 7], an).

52. ¹ Bestimmungen dieses Vertrags, die ihrer Natur nach die Vertragsbeendigung überdauern sollen, bleiben vollumfänglich in Kraft. Das gilt insbesondere für die Pflichten gemäss Ziff. VIII. und IX. oben (für die dort genannte Dauer) sowie Ziff. 51 oben.

² Sofern ein Verkauf von Aktien an einen Dritten erst nach Beendigung dieses Vertrags vollzogen wird, ist insbesondere Ziff. 36 oben zu beachten.

³ Die Beendigung dieses Vertrags sowie der Kauf oder Verkauf von Aktien der Gesellschaft lässt die [z.B. Lizenzverträge] gemäss *Anhängen* [*8* und *10*] dieses Vertrags unberührt.

52-1 Insbesondere die Geheimhaltungspflichten und das Konkurrenz- und Abwerbeverbot sollen nach diesem Vorschlag die Beendigung der Grundvereinbarung überdauern (zur kartellrechtlichen Problematik siehe Rz 42-4 ff. oben). Für die Vertragsredaktion ist eine generelle Umschreibung der nachwirkenden Vertragspflichten gefolgt von einer nicht abschliessenden Aufzählung der besonders wichtigen Punkte empfehlenswert (MARCHAND, S. 248 f.; zu den nachwirkenden Vertragspflichten im Allgemeinen siehe die Arbeit von MIDDENDORF).

52-2 Besonders wichtig ist, dass die Parteien regeln, was mit den *Satellitenverträgen* bei Beendigung der Grundvereinbarung geschehen soll. Dies erfolgt primär in den Satellitenverträgen. Der Mustervertrag geht davon aus, dass die Joint-Venture-Gesellschaft auch beim Ausscheiden eines Gründers fortbesteht (die Liquidation ist nur ausnahmsweise vorgesehen) und die von beiden Gründern der Gesellschaft gewährten Lizenzen für die Zweckerreichung der Gesellschaft bedeutsam sind (siehe Ziff. 10). Deshalb sollen die für das Joint Venture zentralen Lizenzverträge selbst dann in Kraft bleiben, wenn die kündigende Partei auf ihr Kaufsrecht gemäss Ziff. 56 f. bei einer ausserordentlichen Kündigung verzichtet und die ganze Gesellschaft an einen Dritten verkauft wird (vgl. Ziff. 58). Denkbar ist auch, dass gewisse Satellitenverträge nur für eine bestimmte Zeit nach Vertragsbeendigung weiter gelten oder die Lösung, dass bei einer ausserordentlichen Kündigung alle oder gewisse Satellitenverträge der kündigenden Partei mit der Gesellschaft ohne Kündigung enden. Das kann nebst der Konventionalstrafe einen zusätzlichen Druck auf die Parteien ausüben, ihre vertraglichen Pflichten einzuhalten.

XII. Veräusserung von Aktien

A. *Grundsätzliches Veräusserungs- und Verfügungsverbot*

53. [1] Vorbehältlich der Regelungen bei Pattsituationen gemäss Ziff. 35 oben, der ordentlichen und ausserordentlichen Kündigung gemäss Ziff. 55–58 unten oder einer gegenteiligen vorgängigen schriftlichen Vereinbarung zwischen den Parteien (inkl. gemäss Ziff. 76 unten) dürfen die Parteien ihre Aktien nicht an Dritte veräussern (d.h. verkaufen, ein Kaufsrecht einräumen, verschenken, tauschen oder sonst entgeltlich oder unentgeltlich übertragen).

[2] Die Einräumung einer Nutzniessung oder die Verpfändung der Aktien ist nur mit der vorgängigen schriftlichen Zustimmung der anderen Partei zulässig.

53-1 Die Definition des «Veräusserns» ist weiter gefasst als diejenige gemäss der Legaldefinition von Art. 216c OR (die auf Mobilien analog angewendet werden kann), weil sie alle Arten von Eigentumsverschaffungsgeschäften erfasst (vgl. BSK-OR-I-Hess, Art. 216c N 4 ff. und N 14).

53-2 Mit dem Verbot der Einräumung einer Nutzniessung oder der Verpfändung der Aktien an einen Dritten wird verhindert, dass dieser Einfluss auf die Gesellschaft und die Rechte gemäss Kapitel XII. der Grundvereinbarung nehmen kann (durch Verwertung des Pfandrechts oder mittels der in Art. 690 Abs. 2 OR bzw. Art. 689b Abs. 2 OR genannten Möglichkeiten).

53-3 In den Statuten ist die Begründung einer Nutzniessung als Vinkulierungsgrund festzulegen (Art. 685a Abs. 2 OR). Zu beachten ist, dass die statutarische Beschränkung der Verpfändbarkeit vinkulierter Namenaktien nach h.L. unzulässig ist, weil dies eine durch Art. 685b Abs. 7 OR verpönte Erschwerung der Übertragbarkeit darstellt (BSK-OR-II-Oertle/du Pasquier, Art. 685a N 6).

54. [1] Im Falle einer Veräusserung von Aktien der Gesellschaft an einen Dritten gemäss dieser Ziff. XII. muss die veräussernde Partei den Käufer verpflichten, diesem Vertrag vorbehaltlos beizutreten und ihn vorgängig zu unterzeichnen, es sei denn, die andere Partei verzichtet schriftlich darauf.

[2] Bei einer teilweisen Veräusserung von Aktien der Gesellschaft an einen Dritten gemäss Ziff. 59–72 unten haben die Parteien diesen Vertrag mit dem Dritten zudem in guten Treuen an die Mehrparteiensituation anzupassen.

54-1 Überträgt eine Partei ihre Aktien frei- oder unfreiwillig auf einen Dritten, muss dafür gesorgt sein, dass der Dritte der Grundvereinbarung beitritt.

B. *Bei ordentlicher Kündigung*

55. Bei einer ordentlichen Kündigung im Sinne von Ziff. 49 oben muss die kündigende Partei [*Variante:* (...) muss X (...)] alle Aktien der anderen Partei [*Variante:* (...) von Y (...)] zum inneren Wert kaufen, und die andere Partei muss diese verkaufen [*Variante:* (...) muss die kündigende Partei alle ihre Aktien an die andere Partei zum inneren Wert verkaufen, und die andere Partei muss diese kaufen]. Ein Schiedsgutachter ermittelt den inneren Wert der Aktien unter Anwendung von Ziff. 73 und 74 unten, sofern sich die Parteien nicht innerhalb von [zwanzig (20)] Tagen seit dem Datum des Poststempels der Kündigung einigen können. Sobald der innere Wert bekannt ist, ist der Kauf so rasch wie möglich gemäss Ziff. 75 und 76 unten zu vollziehen.

Variante 1:

Bei einer ordentlichen Kündigung im Sinne von Ziff. 49 oben einigen sich die Parteien innerhalb von [dreissig (30)] Tagen ab Datum des Poststempels der Kündigung darüber, welche Partei alle Aktien der anderen Partei übernimmt. Können sich die Parteien nicht einigen, wer ein Aktienpaket kaufen soll und zu welchem Preis, ist das Verfahren gemäss Ziff. 35 oben analog anwendbar. In Abänderung jener Bestimmung kann jede Partei dieses Verfahren innerhalb von [zwanzig (20)] Tagen ab Ablauf obiger Frist einleiten]. [*Falls Ziff. 35 nicht anwendbar ist (vgl. Ziff. 34, Varianten 1 und 2), ist entweder eines der dort genannten Verfahren hier zu nennen oder die Variante 2 zu dieser Ziff. 55 zu wählen.*]

Variante 2:

Bei einer ordentlichen Kündigung im Sinne von Ziff. Ziff. 49 oben einigen sich die Parteien innerhalb von [dreissig (30)] Tagen ab Datum des Poststempels der Kündigung darüber, welche Partei alle Aktien der anderen Partei übernimmt. Können sich die Parteien nicht einigen, wer ein Aktienpaket kaufen soll und zu welchem Preis, beauftragen sie einen Dritten mit dem Verkauf aller Aktien der Gesellschaft zum bestmöglichen Preis an eine Partei oder eine andere Person. Können sich die Parteien innerhalb von [zwanzig (20)] Tagen nach Ablauf obiger Frist nicht einigen, bestimmt der Präsident der Handelskammer [Zürich] diesen Dritten. Der Dritte ist bei der Wahl des Verkaufsverfahrens frei. Die Kosten des gesamten Verfahrens tragen die Parteien je zur Hälfte. Kann innerhalb von [Anzahl] Monaten seit dem Datum des Poststempels der Kündigung kein Käufer gefunden werden, vereinbaren die Parteien die Auflösung und Liquidation der Gesellschaft durch gemeinsamen, öffentlich zu beurkundenden Generalversammlungsbeschluss. Verweigert die andere Partei ihre Mitwirkung, stellt dies einen wichtigen Grund im Sinne von Art. 736 Ziff. 4 OR dar.

55-1 Diese Klausel ist bei der *Hauptvariante von Ziff. 49 Abs. 1 nicht anwendbar*, weil keine ordentliche Kündigung erfolgt. Die Veräusserung der Aktien richtet sich bei deren Wahl nach den Bestimmungen zur Lösung von Pattsituationen und denjenigen bei einer ausserordentlichen Kündigung.

55-2 Bei Auflösung der Grundvereinbarung muss klar geregelt sein, wie zu verfahren ist und wie der Verkaufspreis bestimmt wird, sonst sind langwierige Streitigkeiten vorprogrammiert. So lange kann die im Markt tätige Gesellschaft aber nicht abwarten, ohne Schaden zu nehmen. Es sind deshalb relativ kurze Fristen vorzusehen. Was das Ausscheiden betrifft, so stehen viele Möglichkeiten zur Verfügung: vom direkten Auskauf der anderen Partei über die verschiedenen Lösungsmechanismen bei Pattsituationen (hier in Variante 1 nach fehlgeschlagener Einigung) bis zur Versteigerung der Aktien einer Partei oder beider Parteien (wie in Variante 2; zu den Folgen der Beendigung im Allgemeinen siehe OERTLE, S. 192 ff.; LANGEFELD-WIRTH, S. 155 ff.; HUBER, Vertragsgestaltung, S. 48 ff.).

55-3 Hat eine Partei wichtige Vermögenswerte in die Gesellschaft eingebracht, die sie beim Ausscheiden zurückerhalten möchte, muss sie vertraglich dafür sorgen, dass sie die Gesellschaft alleine übernehmen kann oder dass sie diese Werte im Rahmen der Liquidation der Gesellschaft zurückerhält. Letzteres ist in den Satellitenverträgen mit einem *Rückkaufsrecht* zu regeln (siehe OERTLE, S. 196 ff.).

C. *Bei ausserordentlicher Kündigung*

56. Bei einer ausserordentlichen Kündigung im Sinne von Ziff. 50 oben steht der kündigenden Partei ein Kaufrecht an allen Aktien der anderen Partei zu. Das Kaufrecht ist von der kündigenden Partei innert [dreissig (30)] Tagen ab Datum des Poststempels der Kündigung schriftlich auszuüben.

56-1 Vgl. die Kommentierung in Rz 50-3 oben.

57. ¹ Der Kaufpreis für die Aktien der anderen Partei entspricht mit Ausnahme des folgenden Absatzes dem inneren Wert der Aktie mit einem Abschlag von [Zahl] Prozent. Ein Schiedsgutachter ermittelt den inneren Wert der Aktien unter Anwendung von Ziff. 73 und 74 unten.

² Bei einer fristlosen Kündigung aus den in Ziff. 50 Abs. 1 lit. d oben genannten Gründen entspricht der Kaufpreis für die Aktien ihrem inneren Wert.

³ Sobald der innere Wert bekannt ist, ist der Kauf so rasch wie möglich gemäss Ziff. 75 und 76 unten zu vollziehen.

57-1 Als weitere negative Folge für diejenige Partei, die einen Tatbestand für eine ausserordentliche Kündigung zu verantworten hat, können die Parteien eine Reduktion des Kaufpreises vorsehen. Bei einer fristlosen Kündigung wegen Konkurseröffnung gemäss Ziff. 50 Abs. 1 lit. d ist das Realerfüllungsrecht der Konkursverwaltung (Art. 211 Abs. 2 SchKG) zu beachten. Um dessen Ausübung zu vermeiden, ist der Kaufpreis nicht unter dem inneren Wert festzusetzen. Diese Lösung empfiehlt sich auch bei Gewährung einer Nachlassstundung.

58. Übt die kündigende Partei ihr Kaufsrecht nicht aus, beauftragen die Parteien einen Dritten mit dem Verkauf der Aktien der anderen Parteien zum bestmöglichen Preis an eine Drittperson. Können sich die Parteien nicht innerhalb von [zwanzig (20)] Tagen nach Ablauf der Frist gemäss Ziff. 56 oben einigen, bestimmt der Präsident der Handelskammer [Zürich] diesen Dritten. Der Dritte ist bei der Wahl des Verkaufsverfahrens frei. Die Kosten des gesamten Verfahrens tragen die Parteien je zur Hälfte.

Variante:

Übt die kündigende Partei ihr Kaufsrecht nicht aus, vereinbaren die Parteien die Auflösung und Liquidation der Gesellschaft durch gemeinsamen Generalversammlungsbeschluss. Verweigert die andere Partei ihre Mitwirkung, so stellt dies einen wichtigen Grund im Sinne von Art. 736 Ziff. 4 OR dar.

58-1 Sofern die kündigende Partei ihr Kaufsrecht nicht ausübt, kommen insbesondere der Verkauf aller Aktien der Gesellschaft an einen Dritten oder die Auflösung und Liquidation der Gesellschaft in Frage. Bei der Hauptvariante wird dem Dritten die Wahl des Verfahrens überlassen. Er könnte daher auch eine Auktion durchführen.

D. *Teilweise Veräusserung von Aktien*

a. *Allgemeine Bestimmungen*

59. Jede Partei kann nach Ablauf von [zehn (10)] Jahren seit Eintragung der Gesellschaft im Handelsregister und unter Einhaltung der Bestimmungen von Ziff. 61–72 unten maximal [50]% der Aktien der Gesellschaft einer Partei (entsprechend [25]% aller Aktien der Gesellschaft) i.S.v. Ziff. 53 Abs. 1 oben veräussern.

59-1 Den Parteien kann nach Ablauf einer Mindestdauer das Recht eingeräumt werden, einen Teil ihrer Aktien an Dritte zu veräussern. Der Begriff «Veräussern» erfasst dabei die Tatbestände gemäss Definition in Ziff. 53 Abs. 1 oben. Aufgrund von Ziff. 54 muss der Dritte Partei der Grundvereinbarung werden. Aber weil die Grundvereinbarung nur auf zwei Personen ausgerichtet ist, muss sie an die neue Situation mit mehreren Parteien angepasst werden.

59-2 Der Eintritt einer neuen Partei in ein Joint Venture kann der anderen Partei oftmals nicht zugemutet werden. Der Mustervertrag räumt der nicht verkaufswilligen Partei in diesem Abschnitt deshalb ein Vorhand- und ein Vorkaufsrecht ein, um dies abzuwenden (vgl. zu diesen Rechten im Allgemeinen u.a. Fischer, S. 61 ff.; Hintz-Bühler, S. 88 ff.; Böckli, ABV). Eine Vorlage eines Vorhand-, Vorkaufs- und Mitverkaufsrechts findet sich auch bei Meier, S. 217 f.

59-3 Da keine Partei eine Minderheitsbeteiligung hält, erübrigt es sich, ein *Mitverkaufsrecht* oder eine *Mitverkaufspflicht* zu statuieren (zu diesen Rechten siehe Fischer, S. 99 ff.; Schulte/Pohl, Rz 763 ff.; Schulte et al., S. 335 ff., mit Musterklauseln). Ein Mitverkaufsrecht lässt sich im Übrigen auch einsetzen, um zu verhindern, dass der Berechtigte sein Vorkaufsrecht wegen fehlender finanzieller Mittel nicht ausübt. Ohne Mitverkaufsrecht wäre er sonst gezwungen, mit einem unliebsamen Mitgesellschafter zu kooperieren (Koehler, S. 305). Ein Mitverkaufsrecht bzw. eine Mitverkaufspflicht in einem Joint Venture mit einer Minderheitsgesellschafterin (in den folgenden Beispielen bei einem Dreiparteien-Joint-Venture) liesse sich wie folgt formulieren (einzufügen nach dem Vorhand- und Vorkaufsrecht):

– *Mitverkaufsrecht:*
«Sofern ein Käufer durch den Kauf von Aktien von veräusserungswilligen Parteien [fünfzig] Prozent ([50] %) oder mehr des Aktienkapitals der Gesellschaft erlangen würde, sind die anderen Parteien innert [zehn (10) Tagen] ab Erhalt der Verkaufsanzeige gemäss Ziff. *[in casu*

Ziff. 68] berechtigt, schriftlich zu erklären, dass sie ihre Aktien zu den gleichen Konditionen, insbesondere zum gleichen Preis, an diesen Käufer mitveräussern wollen.

Dritte, die im Hinblick auf eine Umgehung des Mitverkaufsrechts koordiniert vorgehen (beispielsweise Konzerngesellschaften gemäss Ziff. *[in casu Ziff. 43 Abs. 2]*), gelten bezüglich des Mitverkaufsrechts als ein und derselbe Käufer.

Will der Käufer nicht alle der ihm von den Parteien angebotenen Aktien der Gesellschaft erwerben, können die Parteien ihre Aktien im Verhältnis ihrer Beteiligungen untereinander veräussern.»

– *Mitverkaufspflicht:*
«Falls ein Käufer durch den Kauf der Aktien von veräusserungswilligen Parteien [achtzig (80)] Prozent oder mehr des Aktienkapitals der Gesellschaft erlangen würde, so ist dies den anderen Parteien ohne Verzug anzuzeigen. Die anderen Parteien sind in diesem Fall verpflichtet, auf schriftliches Verlangen der (den) veräussernden Partei(en) alle ihre Aktien zu den gleichen Konditionen an den Käufer mitzuverkaufen.

Ist diese Bestimmung anwendbar, entfällt das Vorkaufsrecht.

Dritte, die im Hinblick auf eine Umgehung des Mitverkaufsrechts koordiniert vorgehen (beispielsweise Konzerngesellschaften gemäss Ziff. *[in casu Ziff. 43 Abs. 2]*), gelten bezüglich des Mitverkaufsrechts als ein und derselbe Käufer.»

60. Die veräusserungswillige, veräussernde bzw. kaufrechtsbelastete Partei wird nachfolgend «Verpflichtete» genannt und die andere Partei «Berechtigte».

b. *Vorhandrecht*

61. Im Rahmen von Ziff. 59 oben räumen sich die Parteien gegenseitig ein Vorhandrecht an den in ihrem Eigentum stehenden Aktien der Gesellschaft zum inneren Wert ein.

61-1 Beabsichtigt eine Partei, ihre Aktien zu veräussern, verleiht das *Vorhandrecht* der anderen Partei das Vorrecht zum Kauf dieser Aktien. Nach Ziff. 53 Abs. 1 oben wird «veräussern» weit verstanden: Darunter fallen insbesondere das Begründen eines Kaufrechts, eine Schenkung oder ein Tausch. Da die Verkaufsabsicht ein innerer Vorgang ist, sieht Ziff. 62 vor, dass die Verpflichtete ihre Verkaufsabsicht der anderen Partei schriftlich mitteilt (Hintz-Bühler, S. 101). Vorliegend gilt der innere Wert der Aktien als Verkaufspreis (zu den verschiedenen Möglichkeiten der Ausgestaltung von Vorhandrechten siehe Hintz-Bühler, S. 90 f. und 92 f.). Können sich die Parteien über die Höhe des inneren Werts der Aktien nicht einigen, wird er im Verfahren gemäss Ziff. 73 und 74 unten durch einen Schiedsgutachter bestimmt. Es handelt sich somit um ein *limitiertes Vorhandrecht* (siehe Hintz-Bühler, S. 92 ff.).

62. Beabsichtigt die Verpflichtete, alle oder einen Teil ihrer gemäss Ziff. 59 oben veräusserbaren Aktien zu veräussern (gemäss Definition in Ziff. 53 oben), muss sie die entsprechende Anzahl Aktien vorab der Berechtigten zum inneren Wert schriftlich zum Kauf anbieten. Diese Anzeige hat alle für die Ausübung des Vorhandrechts wesentlichen Tatsachen zu enthalten, insbesondere die Art des Vorhandfalls (vgl. Ziff. 53 oben), den Namen des potenziellen Erwerbers, die entsprechende Anzahl Aktien und den geforderten inneren Wert.

62-1 Vgl. die Kommentierung in Rz 61-1 oben.

63. Die Berechtigte hat innert [dreissig (30)] Tagen ab Erhalt der Offerte schriftlich zu erklären, ob und in welchem Umfang sie von ihrem Vorhandrecht Gebrauch machen will. Überdies muss sie ihre Kaufpreisvorstellung mitteilen. Übt sie ihr Vorhandrecht nicht rechtzeitig aus, gilt dies als Verzicht auf dessen Ausübung. [*Variante (Ergänzung um folgenden Satz) und Streichung von «und in welchem Umfang» in Satz 1:* Eine Teilannahme muss die Verpflichtete nicht akzeptieren.

63-1 Die berechtigte Partei kann ihr Vorhandrecht in der Hauptvariante auch nur hinsichtlich eines Teils der angebotenen Aktien geltend machen, um die Aktienmehrheit zu erlangen und nicht mit einem gleichberechtigten Partner zusammenarbeiten zu müssen. Natürlich erschwert dies den Verkauf der anderen Aktien an einen Dritten, lässt sich doch eine Minderheitsbeteiligung auf dem Markt grundsätzlich schwieriger verkaufen als eine 50%-Beteiligung. Die Variante sieht deshalb vor, dass die verpflichtete Partei Teilannahmen der anderen Partei nicht akzeptieren muss.

64. Können sich die Parteien über den inneren Wert der Aktien innert [fünfzehn (15)] Tagen ab Datum des Poststempels der Ausübungserklärung nicht einigen, wird er im Verfahren gemäss Ziff. 73 und 74 unten bestimmt.

65. Übt die Berechtigte ihr Vorhandrecht aus, ist der Kauf innerhalb von [dreissig (30)] Tagen nach Bekanntgabe des inneren Werts der Aktien durch den Schiedsgutachter (Poststempel der Mitteilung) gemäss Ziff. 73 unten anteilsmässig entsprechend ihrer Ausübungserklärung gemäss Ziff. 75 und 76 unten zu vollziehen.

66. ¹ Übt die Berechtigte ihr Vorhandrecht nicht oder nicht hinsichtlich aller angebotenen Aktien aus [*bei Wahl der Variante in Ziff. 63:* Übt die Berechtigte ihr Vorhandrecht nicht aus (...)], kann die Verpflichtete unter Vorbehalt des Vorkaufsrechts gemäss Ziff. 67–72 unten innert [drei (3)] Monaten ab Datum der Bekanntgabe des inneren Werts der Aktien durch den Schiedsgutachter gemäss Ziff. 73 unten (Poststempel der Mitteilung) ihre Aktien an den von ihr angezeigten Erwerber [*Variante:* (...) an beliebige Dritte zu (...)] veräussern.

² Nach Ablauf dieser Frist sind Ziff. 61–66 erneut anwendbar.

c. *Vorkaufsrecht*

67. Will die Verpflichtete alle oder einen Teil ihrer gemäss Ziff. 59 oben veräusserbaren Aktien an einen Dritten i.S.v. Ziff. 53 oben veräussern, nachdem die Berechtigte ihr Vorhandrecht nicht ausgeübt hat, so steht der Berechtigten ein Vorkaufsrecht zu.

67-1 Das Vorhandrecht wird hier mit einem Vorkaufsrecht kombiniert. Das *Vorkaufsrecht* ermächtigt die berechtigte Partei, die Aktien der Verpflichteten durch einseitige Willenserklärung zu erwerben. Vorliegend ist das Vorkaufsrecht auch dann beachtlich, wenn die Berechtigte von ihrem Vorhandrecht keinen Gebrauch gemacht hat.

68. Hat die Verpflichtete über den veräusserbaren Teil ihrer Aktien einen Kaufvertrag abgeschlossen, so teilt sie dies der Berechtigten sofort und unter Angabe des Käufers, des Kaufpreises, der Zahlungsmodalitäten und anderer wesentlicher Vertragsbedingungen schriftlich mit. Die Verpflichtete muss den Kaufvertrag mit dem Dritten unter der Suspensivbedingung abschliessen, dass die Berechtigte ihr Vorkaufsrecht nicht ausübt.

69. Die Berechtigte hat der Verpflichteten innert [zehn (10)] Tagen nach Erhalt der Verkaufsanzeige schriftlich mitzuteilen, ob und in welchem Umfang sie vom Vorkaufsrecht Gebrauch macht. Übt sie ihr Vorkaufsrecht nicht rechtzeitig aus, gilt dies als Verzicht auf dessen Ausübung. [*Variante (Ergänzung um folgenden Satz und Streichung von «und in welchem Umfang» in Satz 1):* Eine Teilannahme muss die Verpflichtete nicht akzeptieren.]

70. Als Kaufpreis gilt entweder der Kaufpreis gemäss Kaufvertrag oder der gemäss Ziff. 64 oben ermittelte innere Wert je nachdem, welcher Wert der tiefere ist. Ist der innere Wert der Aktien noch nicht ermittelt worden oder liegt seine Festsetzung mehr als [sechs (6)] Monate zurück, ist er unter Anwendung von Ziff. 73 und 74 unten zu ermitteln.

70-1 Als Vorkaufspreis soll entweder der innere Wert oder der Preis gemäss Kaufvertrag mit dem Dritten gelten, je nachdem welcher Wert der tiefere ist. Diese Regelung unterbindet von vornherein «Freundschaftsangebote» zur Erzielung eines übersetzten Kaufpreises (Vorschlag von STUDER, S. 769). Wenn die Parteien keinen Kaufpreis vereinbarten, wäre wohl der letztere Betrag massgebend, weil Art. 216d Abs. 3 OR auf Fahrnis analog anwendbar sein soll (HINTZ-BÜHLER, S. 89 Fn 361, m.w.Verw.). Hingegen soll die zeitliche Befristung auf 25 Jahre gemäss Art. 216a OR für Fahrnis nicht analog gelten (str.; siehe HINTZ-BÜHLER, S. 107 f.).

71. Übt die Berechtigte ihr Vorkaufsrecht aus, ist der Kauf gemäss Ziff. 75 und 76 unten zu vollziehen.

72. [1] Übt die Berechtigte ihr Vorkaufsrecht nicht oder nicht hinsichtlich aller angebotenen Aktien [*bei Wahl der Variante in Ziff. 69:* Übt die Berechtigte ihr Vorkaufsrecht nicht (...)] aus, so fällt das Vorkaufsrecht dahin, und die Aktien sind dem angezeigten Dritten zu den in Ziff. 68 oben genannten Bedingungen innert [vier (4)] Monaten ab Datum des Poststempels der Geltendmachung des Vorkaufsrechts gemäss Ziff. 69 oben bzw., im Fall von Ziff. 70 zweiter Satz oben, innert [drei (3)] Monaten ab Datum der Mitteilung des Schiedsgutachters veräusserbar.

[2] Nach Ablauf dieser Frist sind Ziff. 67–72 erneut anwendbar.

E. Bestimmung des inneren Werts

73. ¹ Wo in diesem Vertrag vorgesehen, wird der innere Wert der Aktien durch eine neutrale national anerkannte Treuhandgesellschaft (nachfolgend «Schiedsgutachterin») für die Parteien verbindlich und endgültig festgelegt. Können sich die Parteien nicht innerhalb von [drei (3)] Arbeitstagen auf eine Schiedsgutachterin einigen, wird sie vom Präsidenten der [Zürcher] Handelskammer bestimmt.

² Die Festsetzung des inneren Werts erfolgt nach den anerkannten Grundsätzen der Bewertung von Unternehmen in der Branche, in der die Gesellschaft tätig ist.

³ Die Schiedsgutachterin amtet als Schiedsgutachterin im Sinne von Art. 189 der schweizerischen Zivilprozessordnung. Sie bestimmt die Verfahrensregeln nach eigenem freiem Ermessen unter Berücksichtigung zwingender Verfahrensgrundsätze des schweizerischen Rechts. Bevor sie den inneren Wert der Aktien definitiv festlegt, unterbreitet sie ihren Bewertungsvorschlag den Parteien mit allen Beilagen, inklusive Bewertungsgrundlagen, zu einer einmaligen schriftlichen Stellungnahme unter Ansetzung einer Frist von [zehn (10)] Tagen.

73-1 Können sich die Parteien nicht auf den inneren Wert einigen, sieht diese Musterklausel die Festsetzung durch einen Dritten vor. Im Hinblick auf die Akzeptanz und den Zeitgewinn wäre es noch besser, wenn sich die Parteien hier schon auf eine *Formel für die Berechnung des inneren Werts* einigen könnten. Zu den verschiedenen Bewertungsmethoden siehe bspw. BÖCKLI, Aktienrecht, § 6 Rz 222 ff., GANTENBEIN/GEHRIG und BUCHER/SCHWENDENER.

73-2 Eine juristische Person kann als Schiedsgutachterin eingesetzt werden (ZR 94 (1995) Nr. 100, S. 309 ff.; a.M. FRANK ET AL., § 258 N 6). Die Bestellung der jeweils amtierenden *Revisionsstelle* der Joint-Venture-Gesellschaft ist jedoch problematisch. Da sie regelmässig ein Interesse hat, ihr Amt auch nach dem Verkauf ausüben zu können, dürfte sie nicht über die nötige Unabhängig- und Unparteilichkeit verfügen (vgl. Art. 728 Abs. 1 und 729 Abs. 1 OR bzw. Art. 189 Abs. 3 lit. b CH-ZPO; zu dieser Frage siehe den erwähnten ZR-Entscheid sowie BÖCKLI, Aktienrecht, § 6 Rz 235; SCHÖLL, S. 37; BSK-OR-II-OERTLE/DU PASQUIER, Art. 685b N 18). Das trifft in diesem Vertrag namentlich in denjenigen Fällen zu, in denen bereits vor der Wertfestsetzung bekannt ist, welche Partei die Aktien der anderen Partei übernimmt. Vorliegend ist deshalb eine neutrale Treuhandgesellschaft als Schiedsgutachterin einzusetzen.

73-3 Können sich die Parteien auf diese Person nicht einigen, ist sie von einem Dritten zu bestellen. Als Dritter sollte nicht eine namentlich genannte natürliche Person amtieren, sondern ein Funktionsträger einer bestimmten Organisation, hier der Präsident einer Handelskammer. Vorgängig ist abzuklären, ob diese Organisation solche Bestellungen überhaupt vornimmt. Das ist bei der Zürcher Handelskammer der Fall (vgl. § 1 Abs. 4 der Schlichtungs- und Schiedsgerichtsordnung der Zürcher Handelskammer aus dem Jahre 1985). In solchen Klauseln ist oftmals auch die Regelung anzutreffen, dass der Präsident eines Obergerichts den Schiedsgutachter ernennen soll. Häufig ist er jedoch hierzu gesetzlich nicht verpflichtet. Beispielsweise ist im Kanton Zürich der jeweilige Einzelrichter im summarischen Verfahren zuständig (im Befehlsverfahren); der Präsident des Zürcher Obergerichts kann die Ernennung des Schiedsgutachters deshalb ablehnen, muss dies aber nicht (FRANK ET AL., § 258 N 7; SCHÖLL, S. 38). Mit Inkrafttreten der schweizerischen ZPO dürfte die für Summarsachen zuständige kantonale Instanz zur Bestellung eines Schiedsgutachters auf Klage hin im Befehlsverfahren verpflichtet sein (vgl. Art. 257 Abs. 1 CH-ZPO).

73-4 Zumindest gemäss heutiger Rechtslage ist ein fehlendes Ernennungsverfahren in denjenigen Kantonen gefährlich, die über kein vereinfachtes Summarverfahren zur Bestimmung eines Schiedsgutachters verfügen. Diesfalls müsste eine ordentliche Zivilklage eingeleitet werden. Da dies kaum je sinnvoll ist, laufen die Parteien Gefahr, dass die ganze Schiedsgutachtenklausel als ungültig erklärt wird, wenn eine Partei bei der Ernennung nicht mitspielt (so ein Urteil des Kantonsgerichts St. Gallen vom 16. Juni 2000 unter Hinweis auf die deutsche Praxis, wiedergegeben in SJZ 96 (2000) 453 f.; zum Ganzen SCHÖLL, S. 37 ff.).

74. Die voraussichtlichen Kosten der Ermittlung des inneren Werts der Aktien durch die Schiedsgutachterin sind von den Parteien auf Anordnung der Schiedsgutachterin je zur Hälfte vorzuschiessen. Die definitiven Kosten der Schiedsgutachterin tragen die Parteien je zur Hälfte. Hat sich eine Partei geweigert, ihren Teil des Kostenvorschusses zu bezahlen, steht der anderen Partei unter Berücksichtigung der definitiven Kosten des Schiedsgutachtens eine Forderung in entsprechender Höhe gegen die widerspenstige Partei zu.

74-1 Es ist zu regeln, wie die Kosten für das Schiedsgutachten zu verteilen sind. Auf der Hand liegt, dass die Schiedsgutachterin einen *Kostenvorschuss* verlangen darf. Bezahlt eine Partei ihren Teil des Vorschusses nicht, kann dies die andere Partei an deren Stelle tun. Sobald die definitiven Verfahrenskosten feststehen, ist ihr eine Forderung in entsprechender Höhe gegen die widerspenstige Partei einzuräumen. Damit wird verhindert, dass sie eine Nichtschuld bezahlt und diese aufgrund von Art. 63 Abs. 1 OR nicht einfordern kann. Sofern diejenige Partei, die den Kostenvorschuss alleine bezahlt hat, Käuferin ist, kann sie diese Forderung mit dem Kaufpreis verrechnen (Art. 120 OR).

74-2 Als *Varianten* für die definitive Tragung der Verfahrenskosten (zu Ziff. 74 Satz 2) wären auch folgende Lösungen denkbar:
- «Die Parteien tragen die definitiven Kosten der Schiedsgutachterin je zur Hälfte. Sofern der von der Schiedsgutachterin ermittelte innere Wert nicht oder um weniger als [Zahl] Prozent vom Kaufpreis abweicht, den die Verpflichtete verlangt hat, muss die Berechtigte die Kosten der Wertermittlung übernehmen.»
- «Die Parteien tragen die Kosten der Schiedsgutachterin im Verhältnis, in dem das Ergebnis des Schiedsgutachtens von ihren schriftlich geäusserten Preisvorstellungen abweicht.»

74-3 Diese Varianten kommen jedoch nur dann zum Tragen, wenn die Parteien vorgängig einen Preis für die Aktien angeben mussten. Im vorliegenden Mustervertrag trifft das bei Ziff. 35 Variante 6 (Deterrent Approach), Ziff. 55 Variante 1 und Wahl des Deterrent Approach sowie beim Vorhandrecht (Ziff. 62) zu. In den anderen Fällen ist entweder eine vorgängige Preisbestimmung festzusetzen oder es ist, wie im Mustervertrag, auf die Varianten der Einheitlichkeit wegen ganz zu verzichten.

F. *Vollzug des Kaufvertrags*

75. *Variante 1 (falls die Aktien gemäss Ziff. 46 bei einem Escrow Agent hinterlegt worden sind):*

¹ Die Parteien informieren den Escrow Agent gemäss Escrow-Vertrag in *Anhang 16* rechtzeitig über den vereinbarten Vollzugstag.

² Die Käuferin überweist den Kaufpreis sowie ihren Anteil des Honorars des Escrow Agent bis spätestens [zehn (10)] Tage vor dem vereinbarten Vollzugstag auf ein vom Escrow Agent bezeichnetes Bankkonto.

³ Sofern die Verkäuferin vom Escrow Agent die schriftliche Bestätigung über den Eingang der Beträge gemäss Ziff. 75 Abs. 2 oben erhalten hat, ist der Kauf am vereinbarten Vollzugstag in den Räumen der Gesellschaft wie folgt zu vollziehen:

⁴ Zug um Zug gegen Erhalt
- des von der Verkäuferin unterzeichneten Kaufvertrags gemäss Vorlage in *Anhang 15,*

- der von der Verkäuferin unterzeichneten Zustimmungserklärung zur Herausgabe ihrer Aktien an die Käuferin gemäss Beilage 1 zum Escrow-Vertrag (*Anhang 16*),
- des von den Verwaltungsräten der Verkäuferin unterzeichneten Beschlusses des Verwaltungsrats der Gesellschaft, in dem die Übertragung der Namenaktien genehmigt und der Eintrag der Käuferin als Eigentümerin dieser Aktien in das Aktienbuch der Gesellschaft beschlossen wird, inklusive des nachgeführten Aktienbuchs, und
- der Rücktrittsschreiben der Vertreter der Verkäuferin im Verwaltungsrat der Gesellschaft (bei vollständigem Ausscheiden einer Partei)

übergibt die Käuferin der Verkäuferin

- den von der Käuferin unterzeichneten Kaufvertrag gemäss Vorlage in *Anhang 15* und
- die von ihr unterzeichnete Erklärung gemäss Vorlage in Beilage 2 zum Escrow-Vertrag (*Anhang 16*) an den Escrow Agent, wonach dieser den Kaufpreis an die Verkäuferin überweisen soll.

Variante 2 (falls die Aktien aufgrund von Ziff. 6 Abs. 2 nicht verurkundet [nachfolgend «Variante A»] oder die Namenaktien zwar als Aktientitel oder Zertifikate bestehen, aber nicht bei einem Escrow Agent hinterlegt worden sind, d.h. auf Ziff. 46 verzichtet wird [nachfolgend «Variante B»]):

75. [1] Der Kauf ist am vereinbarten Vollzugstag in den Räumen der Gesellschaft wie folgt zu vollziehen:

[2] Zug um Zug gegen Erhalt

Variante A:
- ihres Exemplars des unterzeichneten Kauf- und Abtretungsvertrags gemäss Vorlage in *Anhang 15* von der Verkäuferin,

Variante B:
- des von der Verkäuferin unterzeichneten Kaufvertrags gemäss Vorlage in *Anhang 15*,
- aller blanko indossierten Namenaktien [*bei Aktienzertifikaten:* des blanko indossierten Aktienzertifikats über alle Namenaktien (...)] der Verkäuferin mit kompletter Indossamentenkette,

Für beide Varianten sodann:
- des Beschlusses des Verwaltungsrats der Gesellschaft, wonach die Übertragung der Namenaktien genehmigt und der Eintrag der Käuferin als Eigentümerin dieser Aktien in das Aktienbuch der Gesellschaft beschlossen wird, inklusive des nachgeführten Aktienbuchs, und

- der Rücktrittschreiben der Vertreter der Verkäuferin im Verwaltungsrat der Gesellschaft (bei vollständigem Ausscheiden eine Partei)

übergibt die Käuferin der Verkäuferin eine Bankgarantie einer erstklassigen Bank, in der sich diese unwiderruflich verpflichtet, der Verkäuferin auf deren erste Aufforderung hin, ungeachtet der Gültigkeit und der Rechtswirkungen des Kaufvertrags und unter Verzicht auf alle Einwendungen und Einreden aus jenem Vertrag, den Kaufpreis zu bezahlen.

75-1 Da im vorliegenden Vertrag davon ausgegangen wird, dass die Geschäftsleitungsmitglieder ihre Arbeitszeit zur Gänze der Joint-Venture-Gesellschaft widmen, haben die parteibenannten Geschäftsleitungsmitglieder nicht zu kündigen.

XIII. Aufnahme zusätzlicher Partner

76. Vorbehältlich des Eintritts einer neuen Partei gemäss Ziff. XII. oben setzt die Aufnahme zusätzlicher Parteien in diesen Joint-Venture-Vertrag das vorgängige schriftliche Einverständnis beider Parteien voraus. Die an solche neue Partner zu übertragenden Aktien werden von den Parteien im Verhältnis ihres bisherigen Aktienbesitzes oder mittels Aktienkapitalerhöhung gestellt. Die Vorhand- und Vorkaufsrechte gemäss Ziff. XII. oben sind nicht anwendbar. Auf das den Parteien bei einer Kapitalerhöhung zustehende Bezugsrecht verzichten sie hiermit ausdrücklich.

76-1 Der Mustervertrag sieht vor, dass die Parteien einen Teil ihrer Aktien erst nach einiger Zeit an Dritte verkaufen können, sofern diese der Grundvereinbarung beitreten (vgl. Ziff. 54 und 59 ff.). Wenn es die Parteien wünschen, ermöglicht die vorliegende Bestimmung den Beitritt eines neuen Partners schon früher, sei es durch Verkauf bisheriger Anteile oder durch Kapitalerhöhung. Dass für den Beitritt eines neuen Partners die Zustimmung beider bisherigen Partner nötig ist, ergibt sich auch aus Art. 542 Abs. 1 OR.

XIV. Allgemeine Bestimmungen

77. Die Gründungsdokumente sowie die aktuellen und zukünftigen Satellitenverträge (vgl. Ziff. 5, 10 und 12 oben) bilden integrierende Bestandteile dieses Vertrags.

78. Dieser Vertrag gilt für alle derzeitigen und künftigen Aktien der Gesellschaft.

79. ¹ Dieser Vertrag und seine Anhänge enthalten die gesamte Vereinbarung zwischen den Parteien.

² Änderungen und die Aufhebung dieses Vertrags bedürfen der Schriftform und Unterzeichnung durch beide Parteien. Dies gilt insbesondere auch für diese Schriftformklausel.

³ Hinsichtlich der Anhänge gilt Folgendes:

a) Änderungen und die Aufhebung der Satellitenverträge bedürfen jeweils der vorgängigen schriftlichen Zustimmung der nicht beteiligten Gesellschafterin.

b) Die Statuten, das Organisationsreglement und andere Gesellschaftsdokumente werden vom zuständigen Organ unter Einhaltung der Bestimmungen dieses Vertrags nach Massgabe der einschlägigen Quoren und gesetzlichen Formvorschriften geändert oder ersetzt. Mit der gültig zustande gekommenen Genehmigung anerkennen die Parteien diese Gesellschaftsdokumente in der neuen Fassung als verbindlich und als neue Anhänge dieses Vertrags.

79-1 Die *Integrations-* oder *Vollständigkeitsklausel* («merger clause») in Abs. 1 dieser Bestimmung schützt vor Ansprüchen gestützt auf frühere schriftliche oder mündliche Vereinbarungen, welche die Parteien im Laufe der Vertragsverhandlungen getroffen haben, wie beispielsweise Absichtserklärungen und Geheimhaltungsvereinbarungen. Mit der Integrationsklausel stellen die Parteien klar, dass die früheren Schulden durch Novation getilgt werden (siehe Art. 116 Abs. 1 OR; MARCHAND, S. 239). Es empfiehlt sich, alle schriftlichen Vereinbarungen, die nicht mehr gelten sollen, ausdrücklich aufzulisten.

79-2 Auch wenn es die vorliegende Integrationsklausel nicht ausdrücklich sagt, so erfasst sie nur Vereinbarungen, die im Zeitpunkt des Abschlusses der Grundvereinbarung bereits bestehen. Damit das Gleiche auch für spätere Abreden gilt, muss die Integrationsklausel mit der *Schriftformklausel* gemäss Abs. 2 dieser Ziff. 79 kombiniert werden (MARCHAND, S. 239). Die Schriftformklausel ist erforderlich, weil Vertragsänderungen sonst formlos möglich wären. Das würde zu Ungereimtheiten hinsichtlich des jeweils aktuellen Inhalts der Grundvereinbarung führen. Zwar kann ein Vertrag trotz Bestehens einer Schriftformklausel durch blosse mündliche Vereinbarung geändert oder sogar aufgehoben werden, aber Art. 16 Abs. 1 OR vermutet, dass die Einhaltung der Form Gültigkeitsvoraussetzung ist und nicht bloss Beweiszwecken dienen soll. Beruft sich eine Partei auf etwas mündlich Vereinbartes, trifft sie aufgrund der Schriftformklausel deshalb die Beweislast und nicht die andere Partei (BSK-OR-I-Schwenzer, Art. 16 N 12). Damit diese Beweislastumkehr umfassend gilt, empfiehlt es sich, der Sicherheit halber ausdrücklich vorzusehen, dass auch die Schriftformklausel selbst nur durch schriftliche Vereinbarung aufgehoben werden kann (Döser, Rz 93).

79-3 Die Satellitenverträge und Gesellschaftsdokumente der Joint-Venture-Gesellschaft bedürfen natürlich der Genehmigung durch die betroffene Partei und die Joint-Venture-Gesellschaft bzw. der Genehmigung durch das zuständige Gesellschaftsorgan. Damit die Satellitenverträge Bestandteile der Grundvereinbarung werden, empfiehlt es sich, die vorgängige schriftliche Zustimmung des nicht beteiligten Partners vorzusehen.

80. [1] Die Übertragung dieses Vertrags oder einzelner Rechte und Pflichten auf Dritte bedarf der vorgängigen schriftlichen Zustimmung der anderen Partei, die bei Übertragung auf eine Konzerngesellschaft (gemäss Definition in Ziff. 43 Abs. 2 oben) nur aus wichtigen Gründen verweigert werden darf.

[2] Bei Übertragung dieses Vertrags auf eine Konzerngesellschaft sind die Bestimmungen in Ziff. XII. oben nicht anwendbar.

80-1 Bei Joint Ventures gilt es zu vermeiden, dass ein unerwünschter Dritter in die Zusammenarbeit zwischen den Parteien eindringt. Da Forderungen grundsätzlich ohne Zustimmung des Schuldners an Dritte abgetreten werden können (Art. 164 Abs. 1 OR), ist diese Klausel daher wichtig. Auch wenn die Zustimmung zur Übertragung von Pflichten sowie die Auswechslung einer Vertragspartei ohnehin der Zustimmung aller Beteiligten bedürfen, wird dies der Vollständigkeit halber dennoch erwähnt. Immerhin sei darauf hingewiesen, dass die Übertragung von vertraglichen Pflichten nach angloamerikanischem Recht ohne Zustimmung des Gläubigers grundsätzlich zulässig ist (der bisherige Schuldner haftet indessen weiterhin). Ausgeschlossen ist die Übertragung hingegen, wenn die Abtretung vertraglich ausdrücklich wegbedungen wurde oder es sich um eine höchstpersönliche Pflicht handelt (Hay, Rz 345).

80-2 Ist eine Partei Teil eines Konzerns, darf diese Klausel Restrukturierungen innerhalb des Konzerns nicht übermässig erschweren. Die andere Partei darf daher ihre Zustimmung zu solchen Übertragungen nur verweigern, wenn sie wichtige, allenfalls in der Klausel noch genauer zu spezifizierende, Gründe geltend macht. Aus dem gleichen Grund dürfen die Bestimmungen im Kapitel über die Veräusserung von Aktien (Ziff. XII.) ebenfalls nicht anwendbar sein.

81. Bei Widersprüchen zwischen diesem Vertrag und seinen gegenwärtigen und zukünftigen Anhängen gehen im Verhältnis der Parteien untereinander die Bestimmungen des vorliegenden Vertrags vor. Falls nötig, sind die Parteien verpflichtet, alle notwendigen Schritte zu unternehmen, um die Anhänge an diesen Vertrag anzupassen.

81-1 Es ist zwar unschön, wenn Diskrepanzen zwischen der Grundvereinbarung und ihren Anhängen bestehen sollten; aber da die Joint-Venture-Dokumente umfangreich und komplex sind und oft unter Zeitdruck entstehen, lässt sich dies nicht immer vermeiden. Es drängt sich somit auf, den Bestimmungen der Grundvereinbarung bei Konflikten den Vorrang einzuräumen, gibt sie doch den Rahmen des Joint Ventures vor (SCHULTE/POHL, Rz 96).

82. Sollten eine oder mehrere Bestimmungen dieses Vertrags ganz oder teilweise unwirksam, ungültig oder nicht durchsetzbar sein oder während der Dauer dieses Vertrags werden, so wird dadurch die Gültigkeit des Vertrags und der übrigen Bestimmungen des Vertrags nicht berührt. Die Vertragsparteien werden eine solche Bestimmung unverzüglich durch eine zulässige wirksame Bestimmung ersetzen, deren Inhalt der ursprünglichen Absicht am nächsten kommt.

82-1 Diese *salvatorische Klausel* gibt teilweise die vom Bundesgericht gestützt auf Art. 20 Abs. 2 OR vertretene Theorie von der «modifizierten Teilnichtigkeit» wieder (vgl. GAUCH ET AL., Rz 703) und ist damit diesbezüglich eigentlich entbehrlich. Gerade in internationalen Verhältnissen wird sie indessen häufig vereinbart. Zusätzlich erfasst die Klausel jedoch auch die Fälle der nachträglichen objektiven Unmöglichkeit, die der Schuldner nicht zu verantworten hat. Diesbezüglich ändert sie die Regel von Art. 119 OR.

82-2 Sollten sich andere Änderungen der Grundvereinbarungen und ihrer Anhänge aufdrängen, müssen die Parteien diese aufgrund der Bestimmungen über die allgemeine Treuepflicht (Ziff. 36 f.) vereinbaren.

83. Dieser Vertrag ermächtigt keine Partei für die andere Partei oder für beide Parteien gemeinsam rechtsverbindliche Erklärungen abzugeben oder sie sonst zu verpflichten.

83-1 Hier wird klargestellt, dass die Parteien in Abweichung von Art. 543 Abs. 2 OR einander bzw. die einfache Gesellschaft nicht verpflichten dürfen. Diese Klausel ist insbesondere in der Zeit vor Gründung der Joint-Venture-Gesellschaft bedeutsam. Die Beschränkung entfaltet indessen keine Aussenwirkung (vgl. Art. 543 Abs. 3 OR). An dieser Stelle könnten auch der Zeitpunkt und die Form von *Pressemitteilungen* über die Gründung des Joint Ventures geregelt werden.

84. Die in diesem Vertrag vorgesehenen schriftlichen Mitteilungen haben, soweit nicht ausdrücklich anders geregelt, mit eingeschriebenem Brief an folgende Adressen zu erfolgen:

    – X: z.Hd. [Leiter Rechtsdienst],
        [Adresse];
        Fax: [...];
        E-Mail: [...].
    – Y: z.Hd. [Chief Executive Officer],
        [Adresse];
        Fax: [...];
        E-Mail: [...].

84-1 Wegen der meist langen Dauer von Joint Ventures empfiehlt es sich bei grösseren Unternehmen, den Leiter einer bestimmten Abteilung (bspw. Rechtsabteilung) anstatt eine namentlich genannte Person als Empfänger von Mitteilungen zu bezeichnen. Damit lässt sich vermeiden, dass eine Mitteilung intern von Stelle zu Stelle verschickt und dadurch eine Frist verpasst wird.

84-2 Eine Ausnahme von der Pflicht zur Mitteilung per eingeschriebenem Brief sieht beispielsweise Variante 1 von Ziff. 35 (russisches Roulette) in Abs. 3 vor (Mitteilung per «eingeschriebener» E-Mail oder per Kurier). Diese Mitteilungsformen könnten in Ziff. 84 natürlich auch generell akzeptiert werden.

85. [1] Das Ausbleiben einer Abmahnung stellt keinen Verzicht auf die betroffene Leistungs- bzw. Unterlassungspflicht der säumigen Partei dar und beeinträchtigt in keiner Weise das Recht, auf einer vertragskonformen Erfüllung zu beharren.

    [2] Ein solcher Verzicht bedarf der Schriftform.

85-1 Nach Art. 115 OR kann eine Forderung durch Übereinkunft aufgehoben werden, selbst wenn die Parteien für die Eingehung der Verbindlichkeit die Schriftform gewählt haben (vgl. Ziff. 79). Macht eine Partei ihre vertraglichen Rechte nicht geltend, könnte die andere Partei daher versucht sein, geltend zu machen, sie hätten diese Verbindlichkeit stillschweigend aufgehoben. Ein stillschweigender Erlass ist möglich, wenn auch nur mit Zurückhaltung anzunehmen (vgl. BSK-OR-I-Gonzenbach, Art. 115 N 6).

85-2 Parteien eines Joint Ventures werden mit der Durchsetzung ihrer Rechte eher lange zuwarten, um die Zusammenarbeit nicht unnötig zu belasten. Die vorliegende sog. *Verwirkungsklausel* verhindert, dass die andere Partei dies ausnützt und versucht, sich ihrer vertraglichen Pflichten unter Berufung auf einen stillschweigenden Erlassvertrag zu entziehen.

XV. Anwendbares Recht und Schiedsverfahren [Variante: (...) Gerichtsstand]

86. Anwendbar ist schweizerisches Recht.

Variante bei internationalem Sachverhalt und Gerichtsstand im Ausland:
Anwendbar ist ausschliesslich schweizerisches Recht unter Ausschluss der internationalprivatrechtlichen Kollisionsnormen.

86-1 Sofern beide Gründer ihren *Sitz in der Schweiz* haben, ist eine Rechtswahlklausel entbehrlich. Anwendbar ist dann Schweizer Recht. Die Wahl eines ausländischen Rechts in dieser Konstellation kann am mangelnden «internationalen Verhältnis» (Art. 1 Abs. 1 IPRG) scheitern, wobei ein internationaler Sachverhalt grosszügig anzunehmen ist (vgl. SIEHR, S. 235 f.; RITZ, Geheimhaltung, S. 109 Fn 559, m.w.N.). Das gilt unabhängig davon, ob staatliche Gerichte oder Binnenschiedsgerichte zur Streitentscheidung befugt sein sollen. Mit Inkrafttreten der CH-ZPO können die Parteien gemäss Art. 381 Abs. 1 lit. a CH-ZPO theoretisch auch in reinen Binnensachverhalten ausländisches Recht wählen (*Botschaft*, S. 7401). Für rein nationale Angelegenheiten vereinbart jedoch kein vernünftiger Mensch ausländisches Recht (SIEHR, S. 236). Wegen der Verzahnung der vertraglichen und gesellschaftsrechtlichen Regelungen bei Joint Ventures drängt sich die Wahl des schweizerischen Rechts ohnehin auf. Selbst wenn ein Gründer seinen Sitz später ins Ausland verlegen sollte, führte diese Tatsache grundsätzlich nicht zur Anwendung eines anderen Sachrechts als des schweizerischen, weil das Aktivitätszentrum der Basisgesellschaft in der Schweiz ist (vgl. BGE 133 III 90 ff., 92 ff., und Rz 86-2 unten). Nach dem Gesagten kommt eine Rechtswahl grundsätzlich nur dann in Frage, wenn einer der Gründer seinen Sitz im Ausland hat.

86-2 *Zur Variante:* Liegt ein *internationaler Sachverhalt* vor, stellt sich zunächst die Frage, ob die Parteien der Grundvereinbarung eine einfache Gesellschaft i.S.v. Art. 150 Abs. 2 IPRG bilden, die sich keine Organisation gegeben hat. Die Grundvereinbarung eines Joint Ventures verfügt in der Regel über keine solche Organisation, weil sie normalerweise keine Aussenwirkungen entfalten soll (vgl. vorliegend etwa Ziff. 83 oben; HUBER, IPR, S. 33

u. 60; SCHNYDER, S. 87; KNOEPFLER/MERKT, S. 762). Demzufolge bestimmt sich das anwendbare Recht nach Art. 116 IPRG, weshalb eine Rechtswahl aufgrund von Art. 116 Abs. 1 IPRG möglich ist (ausführlich zur Rechtswahl HUBER, IPR, S. 65 ff.). Für Schiedsgerichte mit Sitz in der Schweiz ist die Rechtswahl aufgrund von Art. 187 Abs. 1 IPRG verbindlich. Bei fehlender Rechtswahl besteht der engste Zusammenhang i.S.v. Art. 117 Abs. 1 bzw. Art. 187 Abs. 1 IPRG in der Regel mit dem am Aktivitätszentrum der Basisgesellschaft geltenden Recht (HUBER, IPR, S. 102 ff., 105 ff.; BSK-IPRG-AMSTUTZ/VOGT/WANG, Art. 117 N 80; BSK-OR-I-AMSTUTZ/SCHLUEP, Einl. vor Art. 184 ff. N 457).

86-3 Die Anwendung des IPRG durch ein staatliches Gericht setzt natürlich voraus, dass überhaupt ein schweizerisches Gericht zuständig ist. Obwohl Art. 150 Abs. 2 IPRG hierzu schweigt, so erfasst diese Bestimmung ebenfalls die vertraglichen Zuständigkeitsregeln. Art. 5 IPRG erlaubt die in Ziff. 87 unten vorgeschlagene Wahl eines Gerichtsstands in der Schweiz (HUBER, IPR, S. 32 f.).

86-4 Soll der *Gerichtsstand im Ausland* liegen, gilt es zu vermeiden, dass das zuständige Gericht eine Rück- oder Weiterverweisung (Renvoi) vornimmt und dadurch die Rechtswahl zumindest teilweise relativiert (zur Problematik des Renvoi siehe bspw. SIEHR, S. 552 ff.). Deshalb schliesst die Variante die Anwendung des Kollisionsrechts des Forumstaats aus. Allerdings ist ein ausländischer Gerichtsstand möglichst zu vermeiden, wenn die Grundvereinbarung schweizerischem Recht unterliegt. Liegt der *Gerichtsstand* hingegen *in der Schweiz,* ist ein Ausschluss der schweizerischen Kollisionsnormen entbehrlich; denn weil das IPRG den Renvoi nur ausnahmsweise berücksichtigt (Art. 14 IPRG), sind die meisten Verweisungsnormen des IPRG Sachnormverweisungen (SIEHR, S. 554). Diese verweisen auf das «innerstaatliche Recht» eines Staates unter Ausschluss seines IPR-Gesetzes. Da hinsichtlich der obligationenrechtlichen Verweisungsregeln kein Renvoi vorgesehen ist (Art. 14 i.V.m. Art. 116 ff. IPRG), müssen die internationalprivatrechtlichen Kollisionsregeln nicht ausgeschlossen werden.

XV. Anwendbares Recht und Schiedsverfahren [Variante: (...) Gerichtsstand]

87. Streitigkeiten, Meinungsverschiedenheiten oder Ansprüche aus oder im Zusammenhang mit diesem Vertrag, einschliesslich dessen Gültigkeit, Ungültigkeit, Verletzung oder Auflösung, sind durch ein Schiedsverfahren gemäss der Internationalen Schiedsordnung der Schweizerischen Handelskammern und folgenden Bestimmungen zu entscheiden:
    - Es gilt die zur Zeit der Zustellung der Einleitungsanzeige in Kraft stehende Fassung der Schiedsordnung.
    - Das Schiedsgericht besteht aus [einem oder drei] Schiedsrichter[n].
    - Der Sitz des Schiedsgerichts befindet sich in [Ort].
    - Die Verfahrenssprache ist [Deutsch].

    Variante:
    Gerichtsstand ist [Ort in der Schweiz].

87-1 Es gibt vielerlei Gründe, weshalb Parteien es vorziehen, einen bestehenden oder zukünftigen Rechtsstreit durch ein Schiedsgericht und nicht durch ein staatliches Gericht entscheiden zu lassen. So können die Parteien eines Schiedsverfahrens beispielsweise sachverständige Schiedsrichter ernennen, die über die nötigen Kenntnisse im betreffenden Rechtsgebiet verfügen, mit der Branche vertraut sind und die von den Parteien gewünschte Sprache beherrschen. Weiter können die Parteien das Verfahren auf den konkreten Streit massschneidern. Sofern beide Parteien mitspielen, führt ein Schiedsverfahren häufig schneller zu einem Abschluss als ein staatliches Verfahren. Dazu trägt namentlich die beschränkte Anfechtungsmöglichkeit von Schiedssprüchen bei. In internationalen Konstellationen oftmals wichtig ist ferner, dass die Parteien es vermeiden wollen, dass ein staatliches Gericht im Staat der Gegenpartei den Fall beurteilt. Hier gewährleistet ein Schiedsgericht die nötige Neutralität. Hinzu kommt, dass staatliche Gerichte oftmals überlastet sind. Im internationalen Verhältnis besonders wichtig ist, dass Schiedssprüche aufgrund des New Yorker Übereinkommens über die Anerkennung und Vollstreckung ausländischer Schiedssprüche vom 10. Juni 1958 derzeit in 144 Staaten vollstreckbar sind. Demgegenüber bestehen für Gerichtsurteile lediglich bilaterale und regional beschränkte multilaterale Abkommen. Gerade auch bei Joint Ventures wollen die Parteien ihren Streit nicht in öffentlichen Verhandlungen austragen und dadurch publik machen. Hier hat die Schiedsgerichtsbarkeit wegen der Privatheit des Verfahrens ebenfalls Vorteile gegenüber der staatlichen Gerichtsbarkeit. Anders als in einigen wenigen Ländern unterliegen die Parteien bei Schiedsverfahren in der Schweiz nicht einer weitergehenden Geheimhaltungspflicht (zur Privatheit und Geheimhaltung des

Schiedsverfahrens siehe Ritz, Geheimhaltung). Aus diesen Gründen und trotz der hohen Kosten ist die Schiedsgerichtsbarkeit im internationalen Handel heute die bevorzugte Methode der Streiterledigung (zum Ganzen Ritz, Geheimhaltung, S. 1 ff.).

87-2   Es empfiehlt sich, die Musterschiedsklauseln der verschiedenen Schiedsgerichtsinstitutionen oder bspw. der UNCITRAL-Schiedsordnung bei Ad-hoc-Schiedsverfahren zu verwenden, die sich in der Praxis bereits bewährt haben. Vorliegend wird die Verwendung der Internationalen Schiedsordnung der Schweizerischen Handelskammern (Swiss Rules) und deren Musterschiedsklausel vorgeschlagen (siehe <https://www.sccam.org/sa/en/>), die entgegen ihrem Wortlaut bis zum Inkrafttreten der CH-ZPO auch in Binnenverfahren anwendbar ist (vgl. ASA Bulletin 25 (2007) 747). Gerade bei Joint Ventures sollen Einzelheiten des Streits nicht an die Öffentlichkeit gelangen. Deshalb ist die *Geheimhaltungsbestimmung* von Art. 43 Swiss Rules vorteilhaft, welche die Parteien verpflichtet, alle Schiedssprüche und Verfügungen des Schiedsgerichts sowie die während des Verfahrens von der anderen Partei eingereichten Unterlagen geheim zu halten (eingehender Ritz, Geheimhaltung, S. 123 f.). Sollen die Existenz des Prozesses und seiner Einzelheiten ebenfalls nicht an die Aussenwelt gelangen, müssten die Parteien Ziff. 87 dieses Mustervertrags entsprechend anpassen (für Formulierungsvorschläge siehe die bei Ritz, Geheimhaltung, S. 205 Fn 1092, zitierte Literatur [siehe auch die Checkliste auf S. 119 f.] sowie Krapfl, S. 294 ff.).

87-3   *Zur Variante:* Sofern die Grundvereinbarung schweizerischem Recht unterliegt, gilt es zu vermeiden, einen Gerichtsstand ausserhalb der Schweiz zu wählen, um das Verfahren nicht unnötig zu verkomplizieren. Zur Zulässigkeit der Prorogation im internationalen Verhältnis siehe Rz 86-3 oben.

87-4   Gemäss Art. 9 Abs. 1 GestG und Art. 5 Abs. 1 IPRG ist das vereinbarte schweizerische Gericht *ausschliesslich zuständig*, sofern aus der Gerichtsstandsvereinbarung nichts anderes hervorgeht. Auch wenn aufgrund des Wortlauts von Art. 17 Abs. 1 LugÜ das prorogierte Gericht ausschliesslich zuständig ist, gilt dies gemäss Rechtsprechung des EuGH wie beim GestG und IPRG nur «im Zweifel» (Walter, S. 267). So nun explizit Art. 23 Abs. 1 Satz 2 des noch nicht in Kraft getretenen revidierten LugÜ (Inkrafttreten für die Schweiz vermutlich frühestens am 1. Januar 2011). Vor Inkrafttreten des GestG war ein Hinweis auf die Ausschliesslichkeit im Übrigen erforderlich, weil die meisten kantonalen ZPO darüber schwiegen, ob die Prorogation einen ausschliesslichen Gerichtsstand schuf. Im Zweifel war die Ausschliesslichkeit nicht zu vermuten (Wirth, Art. 9 N 77).

87-5 Teilweise finden sich Gerichtsstandsvereinbarungen, die bestimmen, dass das vereinbarte Gericht ausschliesslich zuständig sein soll, aber dass damit kein *Rechtsmittelverzicht* verbunden ist. Zumindest bei der Zuständigkeit eines Schweizer Gerichts ist eine solche Präzisierung überflüssig, da sich die Ausschliesslichkeit nur auf den Gerichtsstand bezieht und nicht einen Rechtsmittelverzicht beinhaltet. Ein solcher müsste ausdrücklich vereinbart worden sein oder durch Auslegung ermittelt werden können (vgl. die nachstehend zitierten Bundesgerichtsurteile). Bei der hier vorgeschlagenen Gerichtsstandsvereinbarung kann zumindest nach Schweizer Recht kein Rechtsmittelverzicht konstruiert werden. Wird hingegen die Entscheidung eines prorogierten schweizerischen Gerichts als «final and binding» bezeichnet, so stellt das nach bundesgerichtlicher Rechtsprechung einen wirksamen Rechtsmittelverzicht dar (BGer.-Urteile 4P.110/2006, E. 1.2, und 4C.202/2005, E. 2.2, je vom 17. Juli 2006). Ist ein ausländisches Gericht zur Streiterledigung kompetent, empfiehlt es sich zu vereinbaren, dass die ausschliessliche Zuständigkeit keinen Rechtsmittelverzicht zur Folge haben soll.

Sachregister

Legende:
- Kursiv geschriebene Zahlen beziehen sich auf Seitenangaben (bspw. *5*).
- Blosse Zahlen in Normalschrift beziehen sich auf Artikel (bspw. 40).
- Mit Bindestrich verbundene Zahlen in Normalschrift beziehen sich auf Kommentare (bspw. 40-1).

A

Abwerbeverbote 43
- Dauer 44, 52-1
- Kartellrecht 42-8, 43-1

Agio 6-2

Aktien
- innerer Wert 73 f., 73-1 ff.
- Nutzniessung 53, 53-2 f.
- Veräusserung, siehe dort
- Verpfändung 53, 53-2 f.
- Vinkulierung, siehe dort

Aktienkapital 1-1
Aktienkategorien 23-3, 29-1
Aktienzertifikate 6, 6-1
- Eigentumsübertragung 6-1

Aktionärbindungsvertrag *4*, allgemeine Bestimmungen 77 ff.
- Integrationsklausel 79, 79-1
- Mitteilungen 84, 84-1 f.
- salvatorische Klausel 82, 82-1 f.
- Schriftformklausel 79, 79-2
- Vertragsübertragung 80, 80-1 f.
- Vertretungsverbot 83, 83-1
- Verwirkungsklausel 85, 85-1 f.
- Vollständigkeitsklausel 79, 79-1
- Vorrang bei Widersprüchen 81, 81-1

Ancilliary Restraints *8*, 42-4 ff.
anwendbares Recht 86, 86-1 ff.
Aufnahme neuer Partner 54, 54-1, 76, 76-1, 29-2

Ausstandspflicht, siehe Geschäftsleitung

B

Bedingung, aufschiebende 7-7, 10-3, 47, 47-1
Best-Effort-Klausel, siehe Treuepflicht
Bewilligungen 7, 7-3
Businessplan 2, 2-3, 18, 18-1 f.

C

Contractual Joint Venture *1*
Corporate Joint Venture *1*

D

Dividendenpolitik 38, 38-1
Due Diligence 16-3

E

Eigentumsverhältnisse, Änderungen 50, 50-2
Einsichtsrecht, siehe Informationsrecht
Einstimmigkeitsprinzip 28-1
Equity Joint Venture *1*
Escrow Agent 6-3, 46, 46-1 ff.

F

Finanzierung 17 ff., 17-1 f., 18-1 ff.
Firma 1, 51-1
Fusionsgesetz 50, 50-2

G

Garantien 14 ff., 14-1 f., 16-1 ff.
Geheimhaltung 40 f., 40-1 ff., 79-1
- Ausnahmekatalog 40-3
- Berater 41
- Dauer 40-2, 52-1
- Kartellrecht 42-8
- Mitarbeiter 41
- Schiedsverfahren 87-1 f.

Generalversammlung 20, 28
- Einberufungsfrist 33-4
- Pattsituationen, siehe dort
- Präsenzquorum 28-2
- Stichentscheid 21-2, 34-1
- Stimmrechts-/Poolversammlungen 33-5
- Universalversammlung 28-1, 33-4
- Vorsitzender 21, 21-1

Gerichtsstand, ausschliesslicher 87-4
Gerichtsstandsvereinbarung 86-3, 87, 87-3 ff.
Geschäftsgeheimnisse 32, 32-2 f., 40-1, siehe auch Geheimhaltung
Geschäftsleitung 25 ff., 75-1
- Ausstandspflicht 16, 16-2
- Entlassung 30, 30-1
- Nichtwahl 30, 30-1
- Zeichnungsberechtigung 27, 27-1

Geschäftsräume 3, 3-1
Gewinnverteilung, siehe Dividendenpolitik
Gründung 1 ff.
- Kosten 9
- Zeitpunkt 7, 7-1

Gründungsdokumente 5, 5-1 ff., 7

- Anpassungen 7-2
- Vorprüfung 7, 7-2

Grundvereinbarung *3*
- Abgrenzungen *4*
- allgemeine Bestimmungen, siehe dort
- Änderungen 37, 82-2
- Beendigung, siehe Vertragsdauer
- Checklisten *3*
- Eintritt neuer Partner, siehe Aufnahme neuer Partner
- Form *6*.
- Gestaltungsspielraum *6*
- JV-Gesellschaft als Vertragspartei 0-1
- nachvertragliche Pflichten 51 f., 51-1, 52-1 f.
- Rechtsnatur *3 f.*
- Vertragsaufbau *3*

H

Holdinggesellschaften *1*

I

Immaterialgüterrechte 10-4
Indien *10*
Informationsrecht 29, 31, 32-1
Integrationsklausel, siehe allgemeine Bestimmungen
Internet Joint Ventures *2*

J

Joint Venture
- Begriff *1 f.*
- Beweggründe *2 f.*
- Gegenstand *2*
- horizontales *2*
- internationale *10*
- konglomerales *2*
- Steuern *7*

– Teilfunktions-Joint-Venture *9*
– vertikales *2*
– Vollfunktions-Joint-Venture *9*
Joint-Venture-Gesellschaft 0-1
– Auflösung 49, 49-9
– Rechtsform *4 f.*

K

Kartellrecht *7 ff.*, 7
– Abwerbeverbote, siehe dort
– Ancilliary Restraints *8*, 42-4 ff.
– Auswirkungsprinzip *9*
– Bezugspflichten 42-8
– europäisches *9*, 42-6
– Fusionskontrolle *8 ff.*, 42-6
– Geheimhaltung 42-8
– Lieferpflichten 42-8
– Lizenzvereinbarungen 42-8
– Meldepflicht 7-5
– Teilfunktions-Joint-Venture *9*
– Vollfunktions-Joint-Venture *9*
Kaufsrecht 19, 50-3, 56 f.
Konkurrenzverbot 42, 42-1 ff., 44
– Ancilliary Restraints *9*
– Auswirkungsprinzip *9*
– Begrenzung 42-2
– Dauer 44, 52-1
– nachvertragliches 42-5, 42-7
– Zweckumschreibung 42-2
Kontrollwechselklausel 50, 50-2, siehe auch Übernahme eines Geschäfts
Konventionalstrafe 45, 45-1 ff.
Konzerngesellschaft 43, 80, 80-2

M

Mitteilungen, siehe allgemeine Bestimmungen
Mitverkaufspflicht 59-3
Mitverkaufsrecht 59-3
Mitwirkungspflicht 7-6, 8

N

Namenaktien 1, 1-1
– Eigentumsübertragung 6-3, 46-2

O

Organisation 20 ff.
Organisationsreglement 16-2, 23-3 ff., 29-2

P

paritätische Joint Ventures *2*, *4*, 4-1, 21-2
Pattsituationen 1-4, 16-2, 23-1, 23-3, 28, 28-1 ff., 33 ff.
– Baseball-Arbitration 35 Variante 4, 35-1 f., 35-7 ff.
– Deadlock-Devices 35-1 f.
– Deterrent-Approach 35-1 f., 35-11
– Final-Offer-Arbitration, siehe Baseball-Arbitration
– Losentscheid 33-1, 34 Variante 1
– Lösungsmechanismen, allgemeine 33-1
– Mediationsverfahren 34 Variante 2
– Multi-Choice-Verfahren 35-1 f., 35-10
– russisches Roulette 35 Variante 1, 35-1 ff.
– Stichentscheid, siehe Generalversammlung u. Verwaltungsrat
– Texas-Shoot-out 35-1 f., 35 Variante 2, 35-5
– Versteigerung, direkte 35 Variante 3, 35-6
– Versteigerung, mehrstufige 35 Variante 2, 35-5
Präambel *11*, *43*, 0-2 f.
Pressemitteilungen 83-1

125

R

Rangrücktritt 19
Rechtsform der Joint-Venture-Gesellschaft *4 f.*
– Aktiengesellschaft *4*
– GmbH *5*
Rechtsmittelverzicht 87-5
Rechtswahl 86, 86-1 ff.
Restrukturierungen 80-2
Revisionspflicht 22-2
Revisionsstelle 20, 22-1 f., 35-8, 73-2

S

Sacheinlage 5-3, 7-4
Sachübernahme 5-4
salvatorische Klausel, siehe allgemeine Bestimmungen
Sanierungsmassnahmen 19-2
Satellitenverträge *3*, 0-1
– Allgemeines 10 ff., 10-1 ff.
– Anpassungen 37, 79-3
– Beendigung der Grundvereinbarung 52-2
– Garantien 14 f., 14-1 f.
– Rückkaufsrecht 55-3
– Übernahme durch Gesellschaft 11, 11-1
– zukünftige 12, 12-2
Schiedsgutachter 35-8, 73 f., 73-1 ff., 74-1 ff.
– Bestimmung 73, 73-2 f.
– Folgen bei fehlendem Ernennungsverfahren 73-4
– Kostenvorschuss 74, 74-1 ff.
Schiedsklausel 87, 87-1 ff.
Schriftformklausel, siehe allgemeine Bestimmungen
Sicherung der Vertragserfüllung 45 f., 45-1
– Escrow Agent, siehe dort

– Gesamteigentum 46-3
– Konventionalstrafe, siehe dort
– Pfandrecht 46-4
Statuten 1-1, 1-2, 1-3, 2-2, 5-3, 21-2, 23-2, 23-4, 46-2, 53-3
Steuern *7*
Stimmrechtsausübung 29
Suspendierung der Leistungserbringung 10-3, 16-1
Swiss Rules 87-2
Sympathieklausel 30-1

T

Transferpreise 12-1
Treuepflicht 18-2, 29-1, 36 f., 36-1 f., 42-1

U

Übernahme eines Geschäfts 7-4, 14-2
– Kontrollwechselklausel 7-4
– Vermögensübertragungsvertrag 5-4, 7-4
Überschuldung 18-3, 19, 19-1 f.

V

Vertragsdauer 47 ff.
– Beendigung, ausserordentliche 49-4, 50, 50-1 ff.
– Auflösung 58, 58-1
– Kaufsrecht 50, 50-3, 56 f., 57-1
– Verkauf an Dritte 58, 58-1
– Beendigung, ordentliche 49, 49-1 ff.
– Folgen 49-8, 55, 55-1 ff.
– Prolongationsklausel 49 Variante 2, 49-6
– unzulässige Beendigungsgründe 49-6
– Inkrafttreten 47 f., 47-1
Veräusserung 53 ff., 53-1 ff.
– Begriff 59-1

- Schiedsgutachter, siehe dort
- teilweise 59 ff., 59-1 ff.
- Vinkulierung, siehe dort
- Vollzug Kaufvertrag 75, 75-1
- Vorhandrecht, siehe dort
- Vorkaufsrecht, siehe dort

Vertretungsverbot, siehe allgemeine Bestimmungen

Verwaltungsrat 23 f., 27 f., 29-1 f.
- Ablehnungsrecht 30
- Absetzung 30, 30-1
- Anwesenheit bestimmter VR 28-1
- Besetzung 23
- Einberufungsfrist 23-5, 28-1
- Ersetzung 23
- Interessenkonflikt 29-2
- Nichtwahl 30, 30-1
- Paritätsprinzip 29-2
- Pattsituationen, siehe dort
- Präsenzquoren 28-1
- Präsident 23, 23-1 f.
- Sitzungsrhythmus 23-5
- Stichentscheid 23-1 f., 34-1
- Vizepräsident 23, 23-3
- Wahl 24, 24-1 f.
- Weisungen 29-2
- Zeichnungsberechtigung 27, 27-1

Verwässerungsschutz 4-1

Verwirkungsklausel, siehe allgemeine Bestimmungen

Vinkulierung 1-1, 53-3
- Escapeklausel 1-2
- Fiduzklausel 1-2
- GmbH 1-5
- Gründe, unzulässige 1-3
- Joint-Venture-Klausel 1-2
- Konkurrenzklausel 1-2
- Quotenklausel 1-2
- Vertragspraxis 1-6

Vollständigkeitsklausel, siehe allgemeine Bestimmungen

Vorhandrecht 59-2, 61 ff., 61-1, 63-1
Vorkaufsrecht 59-2, 67 ff., 67-1, 70-1

Z

Zürcher Handelskammer 73-3
Zweck 2, 2-1 ff.